KB267928

용 성

김광식 지음

민족사

머리말

백용성!

한국 근대불교의 대표적인 선사, 3·1운동 때 불교계 대표로 민족대표 33인 중 한 사람, 민족불교를 지키려고 식민지 불교에 정면으로 저항한 승려, 불교의 개혁과 혁신을 실천한 승려, 선농불교(禪農佛敎)를 실천한 승려, 불교의 활성화를 위해 대각교를 창립한 주역, 민중의 깨달음을 위해 대각사상을 제창한 사상가, 불경 번역의 창시자, 불교사상의 저술가.

백용성은 지난 5년 동안 필자의 뇌리를 떠나지 않았던 화두(話頭)였다.

필자는 그 동안 백용성이라는 화두를 풀기 위해 제한되어 있는 지식과 미지근한 정열을 가지고 부단히 그 화두의 언저리에서 맴돌았다. 그러나 그 화두풀이는 애초부터 필자의 일방적인 완패였다. 필자는 그 화두를 깨부수거나 녹여 줄 마음의 무기를 갖지 못했기에 백용성은 은산철벽으로 의연히 저만큼 서 있었다. 오늘 이 순간도 화두의 관문을 통한 백용성 탐구는 완결되지 못하였다. 어찌 보면 '백용성'의 화두는 필자가 일평생 동안 풀어야 할 과제가 아닌가 생각된다.

필자는 최근 근·현대 불교사에 대한 정리 및 연구를 하기 위해 나름대로의 단단한 각오로써 그 시기의 제반 문제를 검토했고, 그 결과를 저서 및 논문 등으로 발표해왔다. 그러한 작업을 전개하면서 가장 먼저 검토 및 해결해야 할 대상으로 설정한 것이 바로 백용성의 문제였다. 이는 3·1운동 때 불교계 대표로 민족대표 33인에 포함되었으면서도 거기에 걸맞은 연구성과가 매우 미진하였다는 의아심에서 출발한 것이었다. 한편 불교계 대표로 민족대표 33인의 주역으로 활약한 한용운의 연구는 양적으로 상당하였다는 것은 필자의 그 의아심을 화두로 전환하여 인식하게 하는 데에 촉매제로 작용하였다.

그래서 필자는 근·현대 불교사의 관련 자료를 수집·분류·분석·정리하고, 그러한 일련의 작업하에서 대두된 제반 문제를 순서에 따라 논문으로 정리하였다. 그러면서 동시에 백용성과 관련된 자료를 부단히 찾아내고 그 내용을 정리하는 일을 게을리하지 않았다.

그 즈음 백용성의 문도이면서 처음으로 백용성 연구를 시작한 동국대 한보광 교수를 만났다. 한보광 교수는 일찍이 『용성선사연구』(1981, 감로당)를 간행하여, 후학들에게 백용성 연구의 길잡이 역할을 하였다. 한교수와의 면담을 통하여 『용성대종사전집』이라는 백용성의 저술 및 기고문 등의 총괄 자료를 파악하였으며, 열람할 수 있는 기회도 얻었다.

백용성이 창건한 사찰인 서울 종로구 봉익동의 대각사를 탐방한 것도 그 전후로 기억된다. 당시 대각사의 청청 스님은 필자의 백용성 연구에 대해 큰 관심을 나타내면서, 백용성의 진면목을 널리 알려 달라고 부탁하였다. 그리고 대각사에 보관하고 있는 대각교 중앙본부 현판, 백범 김구 선생이 해방 직후인 1945년 말 대각사를 방문했을 때 촬영한 사진 등을 보여주었다.

한편 그 즈음 서울대학교의 신용하 교수는 필자가 백용성에 대해 관심을 가지고 있다는 말을 듣고, 백용성은 대단한 인물이며 연구할 가치가 있다고 격려를 아끼지 않았다. 이러한 인연으로 필자는 백용성이라는 그물에 빨려 들어가기 시작하였다. 그러나 백용성이라는 화두는 크게 진척되지 않았다. 그 이유는 필자의 나약한 의지도 의지려니와 필자가 근무했던 독립기념관에서 중요한 보직을 맡는 등 매우 바쁜 생활 때문이었다.

필자가 백용성의 생애와 사상을 다룬 이 책을 간행하게 된 것은 1998년 3월의 독립운동가로 백용성이 선정되면서 비롯되었다. '월별 독립운동가'의 기획은 매년 국가보훈처와 독립기념관이 해당 달과 관련 있는 독립운동가를 공동으로 선정하고, 관련 행사는 각자 거행하는 방법으로 진행하고 있는 사업이다. 98년도의 월별 독립운동가를 선정할 시기에 필자는 독립기념관의 전시부장을 맡고 있었으므로, 백용성 선사를 1998년 3월의 독립운동가로 선정하는 데 일조를 하였다.

1998년 3~4월, 필자는 독립기념관에서 개최한 백용성 생애 및 유품의 전시회, 3·1운동기념사업회 주관의 탑골공원 강연, 불교방송 및 불교텔레비전의 특집방송, 대각사상연구원 개원 기념 세미나, 장수군의 백용성 생가 및 유허비 기념식, 남원시의 출가성지 덕밀암 순례법회, 국립극장에서의 용성음악회, 경주 천룡사 회양법회 등에 직·간접적으로 관여하게 되었다. 이러한 여러 행사에 참가하면서 필자는 백용성의 생애와 사상을 보다 널리 알릴 수 있는 방법은 없을까 고민하였으며, 그것이 바로 이 책이 나온 계기가 되었다.

그러나 필자가 이 책에 쏟은 시간과 정열은 백용성의 사상을 보급하는 데 일평생을 헌신해 온 대각사 조실 겸 주지인 임도문 스님의 정열에 비교할 수 없다. 또한 백용성의 사상을 널리 알리려는 목적으로 결성된 백용성조사유훈실현후원회의 헌신에도 비교할 수 없다. 다만 필자는 이 책의 간행을 백용성의 화두풀이로 헝클어진 마음을 일단 추스르는 것으로 삼고자 한다. 그러므로 이 책은 백용성 연구의 완결이 아니라 이제 본격적으로 그 화두에 진입하고자 하는 필자의 소박한 바람이라 하겠다.

이제 이 지면을 통하여 필자의 '백용성 화두' 풀이에

물심 양면으로 후원해 주신 도문스님, 보광스님, 그리고 백용성조사유훈실현후원회 한명옥 회장님의 뜨거운 정성에 거듭 감사의 말씀을 드리고자 한다. 특히 도문스님은 백용성의 심부름꾼으로 자처하면서 백용성의 유훈을 실천하기 위해 백용성의 사상 보급에 승려로서의 일생을 바친 분이다. 그분의 치열한 정신에 힘입어 이 책이 간행되었음을 고백하며 재삼 고마움을 표하고자 한다.

백용성은 국운이 침탈·상실되었던 근대기에 승려의 본분을 다한 지극히 모범적인 인물이다. 모범이라 함은 말 그대로 자기의 본분을 다하였기에 후일 그 길을 가는 이들의 길잡이 역할을 다하였다는 것이다. 백용성은 승려의 본분을 온당히, 아니 치열하게 수행하였으며 동시에 나라의 독립을 되찾는 일의 최일선에 굳건하게 서 있었다. 그러나 그의 이러한 수행과 위상을 단순히 시대가 그러하였다는 외부적인 요인으로만 돌릴 수는 없다. 그것은 그의 냉철한 의식과 불교사상의 입장에서 나온 것이기에 더욱 의미가 깊다.

또한 그의 불교사상도 불교의 중흥에만 머무르지 않았으며, 불교의 재창조와 혁신을 통한 진리의 보급과 재생산의 밑거름이 되었다. 이러한 그의 길은 그가 살았던 시기가 암울한 식민지 상황이었기에 그 자체가 형극의 길이었다.

이제 필자는 그의 생애를 '모범'으로, 그의 사상을 '재창조'로 자리매김하고자 한다. 우리는 그의 일평생을 탐구하여 우리 삶의 이정표를 수립하기 위한 지침으로 삼아야 할 것이다. 이것을 필자는 이 책을 간행한 근본 의도로 말하고자 한다.

이제 세월은 흘러 백용성이 고대하고 고대하였던 나라의 독립은 이루어졌고, 사상과 학문의 자유도 이루어졌건만 우리 민족, 불교, 민중은 진정 자각했는가를 스스로 질문하지 않을 수 없다. 스스로 깨달아야 한다는 것이 바로 백용성의 사상, 즉 대각사상이며 그 대각의 길은 자기 스스로 깨닫고 개척해야 한다는 평범한 진리이지만 재삼 강조해도 지나침이 없을 것이다.

백용성의 생애와 사상이라는 큰 바다에서 대각이라는 소금을 찾아 함께 맛보고, 이 땅에서 살고 있는 모든 이들에게 나누어 줄 수 있는 대승보살정신을 실천하기 위해 더불어 나아가기를 기원하는 바이다.

1999년 5월

김 광 식

용성은 펜을 들었다.

오직 원컨대, 모든 선지식께서는 나를 풀어 자유자재하게 놓아 주시오. 본디 머리가 있고 꼬리가 없는 놈은 말할 줄도 모르는 것이외다. 오로지 내가 결심한 일은 이제부터는 나가지 않겠다는 것이로다. 다만 경전을 번역하는 외에 묵묵히 청산을 대할 뿐이로다. 나의 마음은 이미 결정되어 털끝 하나 들어올 곳이 없도다. 오직 바라건대 모든 스님들은 나를 버린 물건으로 여기소서.

용성의 발걸음은 바빠졌다. 역경이야말로 평생의 과업이라고 결심한 그로서는 잠시도 쉴 틈이 없었다. 당장 불교계에 자신의 결심을 알리고 협조부터 요청하였다. 그러나 여러 승려들과 상의해 보고 각 사찰에도 도움을 구하는 편지를 보냈지만 도움은 고사하고 오히려 뒷전에서

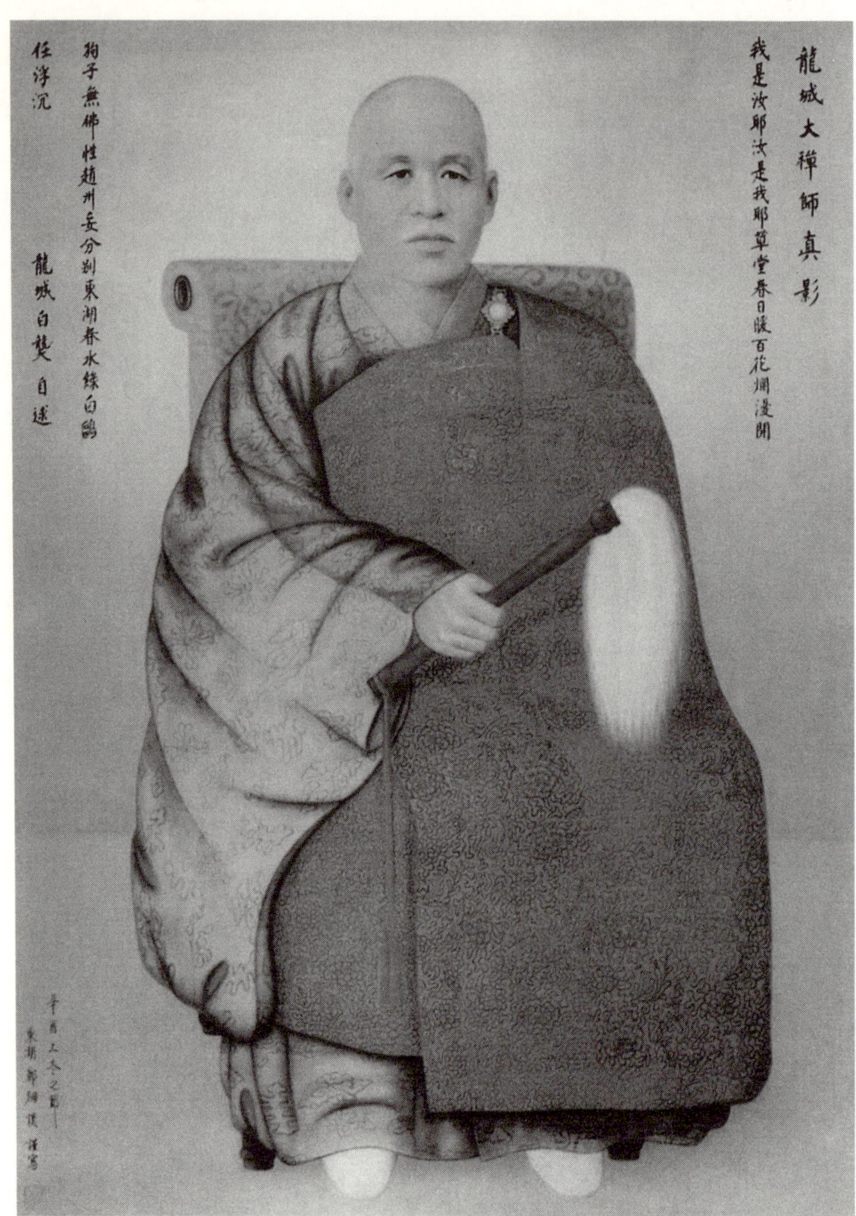

龍城大禪師眞影
我是汝耶汝是我耶草堂春日暖百花爛漫開
狗子無佛性趙州妄分別東湖春水綠白鷗
任浮沈
龍城自讚 自述

수군대는 소리만 높았다.

하는 수 없이 용성은 우선 신도 집에 근거지를 마련하고 역경사업을 추진할 단체부터 결성하여 삼장역회(三藏譯會)라 이름붙였다. 삼장은 불교경전을 총망라한 것이니, 삼장역회란 바로 불교에 관한 모든 책을 한글화하겠다는 굳은 의지에서 나온 이름이다.

어느덧 용성의 나이 58세, 백발이 성성하고 시력도 많이 약해진 상태였다. 게다가 책의 인쇄비를 마련하기 위해 혼자서 무거운 짐을 진 적도 한두 번이 아니었다. 하지만 그러한 어려움쯤이야 그에게는 아무것도 아니었다. 불교의 참뜻을 세상에 널리 전파하여 대중 모두가 깨달음을 얻기를 바라는 보살정신은 용성이 처음 출가할 때부터 지니고 있었던 서원이다.

불경의 한글화가 곧 불교의 대중화라는 의지에서 출발한 용성의 발걸음은 대각교(大覺敎) 선언으로 이어졌다. 스스로 깨달아야 한다는 것이 대각사상이며 그 대각의 길은 자기 스스로 깨닫고 개척해야 하는 것이기에 용성은 모든 대중에게 깨달음에 이르는 길을 일러주고 싶었다. 그래서 중생과 더불어 깨달아 진리의 세계로 나가고 싶었다.

용성은 근거지인 봉익동 2번지에 직접 대각교당이라는 간판을 내걸었다. 이제 대각사상을 세상에 널리 알려야 했다. 어떻게 해야 대중에게 쉽게 대각사상을 전달할 수 있을까. 한참을 고민하던 용성은 풍금 앞에 앉았다. 누구나 쉽게 부를 수 있는 포교의 노래를 만들기 시작하였다. 한창 서구문물이 들어오고 서양 종교가 퍼져 나가던 그 무렵, 시대에 뒤떨어진 포교방법으론 대중에게 가까이 갈 수 없다고 생각한 것이다.

60세가 넘은 나이로 풍금을 치는 노스님. 하지만 그 얼굴엔 열정이 가득하였다. 어쩌면 그에게는 지금부터가 또 다른 시작이었다.

인연으로 다가온 불교

백용성(白龍城)은 1864년 5월 8일(음력) 전라북도 장수군 번암면 죽림리 252번지에서 태어났다. 그가 태어나고, 어린 시절을 보낸 죽림촌은 소백산맥의 위용을 자랑하는 장안산(長安山, 1237m) 끝자락에 있는 두메 산골이다. 섬진강 상류인 요천(寥川)이 두 갈래로 흘러오다 합류하는 곳으로, 장안산의 지류가 자그마한 봉우리를 만들고 양수합곡하는 언덕 위에 산을 등진 아담한 마을이다. 예로부터 이 마을에는 대인(大人)이 태어날 것이라는 이야기가 전해져 왔다고 한다.

현재 용성이 태어난 집은 없어지고 그 터만 덩그러니 남아 있는데, 아직도 마을 어귀에는 장안산에서 내려오는 요천의 맑은 물이 깨끗함을 자랑하고 있다. 이러한 전형

전라북도 장수군에
있는 용성의 생가터와
그 인근에 세워진
백용성진종조사 유허비.
현재 생가 복원 등
성역화 사업이
추진되고 있다.

적인 두메 산골의 정취를 흠뻑 받고 태어난 용성은 어린
시절을 담백하게 보냈을 것이다. 그러한 담백한 정취에서
나오는 정서가 용성의 평생을 순수하고 고결하게 지내게

한 밑거름이 되었으리라.

용성은 수원백씨(水原白氏)인 아버지 백남현(白南賢)과 밀양손씨(密陽孫氏)인 어머니 사이에서 태어났다. 그런데 용성의 어머니가 용성과 그의 누이를 낳고 세상을 떠났기에, 그의 아버지는 도강김씨(道康金氏)와 재혼하였다. 수원백씨인 용성은 고려 말의 공민왕대 대제학(大提學)이었지만 조선왕조에 협조하지 않고 절개를 지킨 정신재 백장공(靜愼齋 白莊公)의 후손이다. 그래서 그의 조상은 조선 태종대 조선왕조에 협조하지 않은 것을 빌미로 장수지역으로 유배 와서 대대로 살았다고 한다. 용성은 이러한 집안 배경의 5남매 중 장남으로 족보상의 이름은 형철(亨喆), 속명은 상규(相奎)였다.

용성은 평범한 유학자 집안에서 태어났지만 출생 전부터 불교와 인연을 갖고 태어났으니, 그의 어머니는 용성을 잉태하였을 때 찬란한 법복을 입은 승려가 방에 들어오는 꿈을 꾸었다고 한다. 혹은 그 꿈의 내용은 조선후기의 고승 환성지안(喚惺志安) 대사가 부처의 정법을 계승할 후신이 태어날 것이라고 계시한 것이라고 말하기도 한다. 이러한 태몽은, 결국 용성은 태어나기 이전부터 불교와 끈끈한 인연이 있었음을 말해 주는 것이다.

용성이 여섯 살 무렵이었다. 아버지를 따라 집 앞의 냇가로 고기를 잡으러 갔다. 그런데 고기잡이 도중에 용성은 잡힌 고기가 불쌍하다 하여 모두 살려 주었다고 하니 불교와의 인연을 짐작할 수 있는 대목이다. 그리고 어머니와 산으로 나물을 캐러 가서는 고사리를 꺾는 어머니에게 고사리가 아플 테니 그만 꺾으라고 호소한 것은 불교에서 생명을 존중하는 자비심의 발로가 아니겠는가? 또한 그의 집에 머슴으로 있는 아우뻘 되는 소년이 전염병에 걸려 격리되어 제대로 먹지 못하자 남 몰래 음식을 갖다 주었다는 것도 생명에 대한 고귀함을 실천한 것이라고 하겠다. 이러한 대목들은 모두 용성이 출생과 유년 시절부터 불교와 인연을 맺고 있었음을 설명해 준다.

한편 용성은 일곱 살 무렵에 이미 한학을 배웠다고 한다. 당시 서당의 서생이 속세를 떠나 노니는 뜻을 읊은 시를 듣고는 마음 속 깊이 흡족하게 느끼고 맑고 고결한 것을 추구하여 속세를 떠나겠다는 의지를 품게 되었다고 한다. 그 때 서생이 읊었던 시는 「태백호승가」(太白胡僧歌)의 한 구절이었는데, 내용은 다음과 같다.

들으니 호승이 태백산에 계시니	聞有胡僧在太白
삼백척 바위 위의 움막에 사네.	蘭若去天三百尺
이 스님 나이를 어떻게 일까?	此僧年紀那得知
손수 심은 푸른솔 열아름일세.	手種靑松今十圍

이처럼 속세를 떠나 고결한 세계에 노닐려는 의식은 용성의 문학적인 소양에 많은 도움을 주었을 것이다. 용

성은 아홉 살 때 합죽선(合竹扇)이라는 한시의 시제에 대
하여 다음과 같이 시흥을 마음껏 발휘하였다.

합죽선 부채를 크게 흔들어서　　　　　　　　大撓合竹扇
동정호 바람을 빌려오리라.　　　　　　　　　借來洞庭風

또한 어느 봄날, 봄을 전하는 꽃을 꺾어 든 소녀의 모
습을 보고 용성은 자연스럽게 즉흥시를 읊어 봄처럼 부
드러운 마음을 절묘하게 표현하여 문재(文才)를 과시하였
다.

꽃을 따서 손에 잡으니 봄마음이 동하는구나.　摘花手裏動春心

용성이 어린 시절부터 보여준 이러한 문학적인 재능은
후일 그가 불교 대중화의 일환으로 평생에 걸쳐 추진한
불경 번역 작업의 밑거름이 되지 않았을까? 적절한 비유
로써 마음을 간결하게 표현하는 그의 시적 재능이 승화
해, 오묘하고 복잡한 불교의 진리를 간결하게 요약 정리
하여 우매한 민중에게 전해 줄 수 있는 자질로 된 것은
아닐까?
　이렇듯 어린 시절부터 불교와의 인연, 고결한 세계에
대한 그리움, 그리고 문학적인 재능을 갖고 있던 용성이
불교와 더욱 깊은 인연을 맺게 된 것은 열네 살(1877년)

때 꿈에서 부처를 만나면서이다. 그는 어느 날 꿈속에서 부처를 친견하고 불법의 부촉(咐囑), 즉 정법 계승의 실천에 대한 계시를 받았다. 그 꿈에서 그는 수탉 수십 마리가 청아한 소리로 울고 해와 달이 밝자 마음에 환희심을 느끼고 문득 남쪽으로 50여 리를 가니 경치가 화려한 산 가운데 암자가 있었다. 그곳의 법당에 들어가 부처를 만나니, 부처는 그의 이마를 만지며 큰 소리로 "내 이제 정녕 너에게 부촉하노니 너는 명심할지어다"라고 말하였다. 불교와의 인연에서 이제 불교를 실질적으로 만나는 계기를 접한 것이다. 그 꿈은 용성의 생애를 송두리째 바꾸었다. 용성은 그 꿈의 계시에 의하여 불교라는 망망대해에 뛰어들게 된 것이다.

한편 그가 불교라는 진리의 세계에 뛰어들게 된 것은 꿈의 계시와 함께 그의 일상생활에서도 파악해 볼 수 있지 않을까? 한학을 배우면서 나타난 영특함과 조숙한 감수성은 그로 하여금 삶과 죽음이라는 문제를 고민하게 하였을 것이다. 그의 친어머니가 그를 낳고 얼마 지나지 않아 죽음의 세계로 갔다는 것은 그가 어린 시절부터 인간의 생(生)과 사(死)에 대한 의문을 갖게 하는 매개가 되었을 것이며, 선대로부터 내려온 가풍인 학문적인 소양과 고결한 세계를 동경하는 의식은 인간과 우주에 대하여 소박하게나마 관심을 갖게 하였을 것이다.

이러한 소양에서 부처의 계시를 받았기에, 이제는 보다

새로운 진리의 세계로 주저없이 나갈 수 있는 인연을 만들어 주었다. 이제 용성은 더 이상 장안산 끝자락 두메산골 죽림촌의 총명한 소년이 아니었다. 한국불교의 정통성 수호라는 사명을 안고 민족의 독립과 자존심을 회복할 동량으로 성장하기 위한 큰 발걸음을 내디딜 때를 만난 것이다.

깨달음의 길을 찾아서

용성은 꿈의 재현과 정법의 실천을 위해 길을 떠났다. 이는 인연의 확인이자 그의 생의 재출발이었다. 그는 꿈 속에서 본 미지의 절을 찾아 길을 떠났다. 그 길은 그에게 새로운 길이었으며, 그가 이제껏 구체적으로 생각조차 해본 적이 없는 탐험의 여정이었다. 그러나 그는 전혀 미혹되지 않았으며, 단호하였으리라. 왜냐하면 그 길은 용성에게 계시로 다가왔으며, 마땅히 가야 할 미래로 생각되었기 때문이다.

용성이 집을 떠나 찾아간 길은 현재의 장수군에서 남원시로 가는 길이었을 것이다. 그의 생가지는 현재는 장수군이지만 그가 태어났을 당시에는 남원군 소속이었다. 그러므로 그는 당시의 남원군에 살았으며 이제 꿈속에서 본 그 절을 찾아 길을 나섰다. 용성은 인연의 길을 찾아 집을 떠나 미지의 길로 들어섰지만 이제는 인연의 길이 아니라 불교의 진리를 찾으러 가는 길이 되었다. 불교·불법을 만나러, 아니 불법의 핵심인 깨달음, 즉 각(覺)을 찾기 위해 길을 떠났다. 그리하여 그 길은 깨달음의 길이었다.

그가 찾아간 곳은 남원시 교룡산성(蛟龍山城)의 덕밀암(德密庵)이었다. 교룡산성은 교룡산에 있는데, 삼국시대에 축성한 것으로 알려져 있다. 지금도 3천여 미터의 길이로 교룡산 중턱을 둘러싸고 있는데, 임진왜란 당시 의병장으로 유명한 승병장 처영(處英)이 증축하였다고 한다. 산성의 초입부터 약 10분 정도 가파른 산길을 오르면 선국사(善國寺)라는 사찰이 있고, 그곳에서 대나무숲을 지나 오솔길을 역시 10여 분 올라가면 옛날의 덕밀암은 흔적도 없이 사라지고 잡초만 무성한 사찰터가 있다. 백용성조사유훈실현후원회에서는 그 터에 덕밀암을 복원하기 위해 노력하고 있으며, 남원시에서도 교룡산성 재정비의 일환으로 덕밀암 복원사업을 후원하고 있다.

하여간에 용성이 덕밀암을 찾아가니, 공교롭게도 그 암자는 꿈속에서 본 그 암자가 아니겠는가? 이 같은 우연은 용성만이 경험한 것은 아니었다. 덕밀암의 주지였던 혜월(慧月)도 유사한 꿈을 꾸었다고 한다. 조선시대의 고승 환성지안(喚惺志安)의 맥을 이을 사람이 온다는 내용이었다. 그리하더니, 과연 용성이 덕밀암을 찾아온 것이 아닌가. 소년 용성은 이제 전대의 인연과 혜월의 지도에 의해 승

용성이 꿈속에서 보고
찾아가 첫출가를 했다는
덕밀암터를 용성의
문도들이 탐방하고 있는
모습. 현재 암자는
흔적도 없이 사라지고
그 터만 남아 있는데
백용성조사유훈실현
후원회에서 복원사업을
진행하고 있다.

려의 길을 내딛게 되었다.

혜월은 용성에게 부처가 계시하였을 때 범종이 진동하였다 하여 법명을 진종(震鍾)으로, 덕밀암이 속하였던 남원의 옛 이름이 용성이라는 연유로 법호를 용성(龍城)으로 내려주었다. 이러한 불교와의 인연과 고결한 세계를 추구하려는 의식의 영향으로 소년 상규는 승려 용성으로 거듭 태어나게 되었다. 당시 용성은 출가의 심정을 다음과 같이 읊었다.

전세사를 잊지 아니하고   不忘前世事
꿈 가운데 부처가 수기하였도다.   夢中佛授記
덕밀암에 출가하니   出家德密庵
그 부처가 꿈에 친견한 부처로다.   其佛親夢佛

　출가할 때의 상황에서 알 수 있듯이 용성의 출가는 태어나기 이전부터의 인연과 부처의 수기(授記)에 의하여, 아울러 덕밀암으로의 출가도 부처의 계시에 의하여 이루어졌음을 재삼 알 수 있다.

　덕밀암으로 출가를 단행한 용성은 승려의 기본 소양을 익히면서 그에게 부여된 길을 묵묵히 걸어갔다. 당시 그는 특히 『화엄경』(華嚴經)의 「보현행원품」(普賢行願品)의 내용이 마음에 와닿았다고 한다. 보현행원의 요체는 중생의 업과 번뇌가 남아 있는 한 언제까지나 모든 부처를 받들고 모든 중생의 뜻을 따르겠다는 것이다. 이러한 「보현행원품」의 대승보살정신이 그의 출가 때부터 뇌리에 자리 잡은 것이다.

　용성은 이처럼 출가를 하여 깨달음의 길을 묵묵히 걸어갔지만, 그의 속가에서는 그가 사라지자 큰 혼란이 일어났을 것이다. 용성은 전세의 인연으로 출가를 단행하였지만 그러한 결심을 집안의 누구에게도 알리지 않았다. 그러므로 그의 집에서는 총명하고 학식 있는 큰아들이 어느 날 갑자기 사라졌으니 그 혼란은 매우 컸을 것이다.

집안에서는 마을 사람들에게 용성이 간 곳을 물어 보았을 것이며, 인근 지역을 수없이 찾아보았을 것이다. 비록 어린 시절부터 의식과 행동이 남달랐던 용성이었지만, 행방도 알리지 않고 사라져 버린 것은 부모에게 큰 충격으로 다가왔을 것이다.

용성의 부모는 마을 사람들과 남원 일대를 수소문하여 용성이 있는 곳을 알아보았다. 마침내 용성이 덕밀암에서 승려의 길을 가고 있다는 사실을 알아내었고, 용성은 부모에게 이끌려 집으로 돌아왔다.

그러나 강제로 환속당한 용성은 비록 몸은 속세에 머물렀지만 마음은 속가에 있지 않았다. 단순하고 우연한 출가였으면 모르되, 전세의 인연과 또 평소에 고결한 세계를 동경해 온 터에 깨달음의 길로 들어서게 되었으니 당연한 일일 것이다. 그리고 용성의 마음 속에는 덕밀암에서 접했던 『화엄경』의 보살정신이 강하게 각인되어 있었으므로 결심을 되돌리기가 더욱 어려웠을 것이다.

마침내 용성은 열여섯 살(1879년)의 나이로 그가 세운 결연한 뜻을 펼치기 위해 재출가를 단행하였다. 재출가를 한 곳은 합천의 해인사(海印寺)였다. 해인사는 팔만대장경을 보관하고 있으며, 그 대장경은 부처의 말씀인 법을 담고 있다는 연유로 법보(法寶) 사찰로 지칭되는 사찰이다. 용성도 부처의 말씀을 체득하기 위해 해인사로 갔다. 해인사는 용성의 1차 출가 때의 스승이었던 덕밀암의 승려

혜월과도 인연이 있었던 절이다. 해인사의 극락암(極樂庵)에는 혜월의 사제(師弟)였던 화월(華月)이 있었으므로 용성은 혜월의 안내를 받았을 것이다.

용성은 터벅터벅 발걸음을 옮겨 놓았다. 이제 그의 길을 막는 것은 아무것도 없었다. 부모의 만류를 뒤로 하고, 해인사로 가는 길은 진리를 향한 고독한 여정이었을 것이다. 그러나 그 길은 해와 달이 인도하고 이름 모를 새들이 반기며 살며시 다가오는 바람도 함께 하는 축복의 길이 아닐 수 없다.

해인사에 도착한 용성은 이전 스승인 혜월의 소개로 해인사에서 재출가를 하는 데 어떠한 장애도 만나지 않

해인사 극락암.
용성은 이곳에서
정식 출가를 하였다.

았을 것이다. 그는 마침내 해인사의 극락암에서 고독한 승려의 길을 떠났다. 이제 그는 진리의 문을 과감히 열고, 진리의 배를 타고, 진리의 바다로 나갈 채비를 하였다. 당시 그에게 체발득도를 통해 진리의 바다로 나가도록 해준 스승은 화월화상이었으며, 계사(戒師)로서 사미 십계를 준 스승은 혜조(慧造)화상이었다. 마침내 용성은 진리의 문에 들어섰다. 이제 그에게는 진리의 바다를 넘어, 중생과 민족을 구하는 차안(此岸)의 미래세계로 갈 수 있는 진리의 배를 타는 일만 남았다.

그러나 진리의 배를 타는 것은 그리 쉬운 일은 아니다. 그 배는 어디에 있으며, 어떤 모양을 하고 있는지, 혼자 탈 수 있는지, 그 배를 탈 수 있는 방법을 가르쳐 줄 사람은 있는지 없는지, 그 배는 며칠이 걸려야 저쪽 깨달음의 언덕에 닿을 수 있는지 이 모든 것이 그야말로 미지의 상태였다. 그리고 그 여정은 결코 스승이나 타인에게서 저절로 얻을 수 있는 것은 더더욱 아니었다. 그것은 오직 처절한, 그리고 피눈물 나는 노력에 의해 스스로 쟁취할 수 있는 길이다. 그렇다. 이제 용성은 바로 그 길을, 스스로의 힘으로 걸어가야 할 그 길을 떠나야 하는 운명을 맞이하였다.

선지식을 찾아

용성은 진리의 바다를 향해 나갔다. 그는 해인사 극락
암에서 정식으로 출가득도를 단행한 후 수개월간 기본
교육을 받았다. 그 교육은 승려로서 익혀야 할 기본 소양
과 함께 가장 기본적인 경전의 수학이었다. 그러나 그는
이미 덕밀암에서 승려의 기본을 익히고 배웠기에 그리
큰 어려움은 없었을 것이다. 어쩌면 그 기본 교육은 그에
게 있어서 큰 의미가 없었을지도 모른다. 용성, 그는 기본
교육에 머무를 처지가 아니었다.

그에게는 어서 빨리 진리의 바다로 나가는 것이 더 큰
문제였을 것이다. 그리하여 그는 해인사를 떠나 더 넓고
큰 바다로 진입하길 원하지 않았을까? 승려가 되어 몇 달
이 지난 후 용성은 각처의 선지식(善知識)을 찾아가 배우

고 스스로 깨달음의 세계로 나아가기
로 결심하였다. 그가 처음으로 찾아간
곳은 경북 의성의 고운사(孤雲寺)였다.
　용성이 고운사에서 만난 선지식은
수월영민(水月永旻) 선사였다. 수월의
행적비는 지금도 묵묵히 수십 년의
세월을 견디며 고운사 입구에 서 있
다. 용성은 수월에게 생사(生死)는 대
사(大事)이고, 무상(無常)은 신속하니
어찌 견성(見性)할 수 있는가를 물었
다고 한다. 용성의 질문에 수월은 다
음과 같이 답하였다.

선지식을 찾아 떠난
용성에게 대비주 염송
수행법을 전해 준
수월영민 선사.
용성은 주력수행, 즉
업장 소멸을 통한
제1차 깨달음을
얻었다.

　성인이 가신 지가 오래 되어 마구니는 강하고 법은 약하
며, 지난 세월의 업장(業障)이 무거우며 선(善)은 약해 물리
치기 어려우니, 지성으로 삼보(三寶)에 예배하며 대비신주(大
悲神呪)를 부지런히 염송하면 자연 업장이 소멸하고 마음이
광명(光明)을 뚫어 통하리라.

　이 말은 곧 대비주 염송을 통해 업장을 소멸하라는 지
적이다. 수월의 말을 들은 용성은 그 즉시 대비주 염송을
멈추지 않고 계속하였다. '옴메니반메훔'으로 요약되는
대비주는 지금까지 한국불교에서는 업장 소멸의 방편으

로 널리 알려져 있다. 즉 밀교의 한 방편으로, 지식이 부족한 불교 신도들에게 간편하고 쉽게 효과를 얻을 수 있다는 이유로 널리 보편화된 신앙의식이다.

용성은 9개월 동안 수월에게 전해 받은 주력(呪力)수행을 계속하며 순행(巡行)하다가 경기도 파주군 보광사(普光寺)의 암자인 도솔암(兜率庵)으로 수행처를 옮겨 갔다. 보광사는 당시의 행정지명상으로는 양주군 백석면 영장리였지만 나중에 파주의 백석면으로 편입되었다. 보광사의 수행에서도 대비주 염송은 지속되었다. 그러나 용성이 보광사로 수행처를 옮긴 해가 언제인지 그리고 주력수행을 얼마 동안 계속했는지는 단언하기 어렵다. 아마도 3년여를 주력수행에 몰두했을 것으로 보인다. 그런데 주력수행을 하던 어느 날, 용성의 뇌리에 문득 우주의 근원에 대한 자문자답이 홀연히 일어나면서 깨달음에 이르는 지경을 접하였다.

그 의문은 산하대지와 삼라만상이 모두 근원이 있는데, 소위 사람의 근원은 무엇인가와, 내가 알고 깨닫는 근원의 뿌리는 어디에 있는가 하는 것이었다. 용성은 그러한 의문이 일어나는 곳은 어디이며, 그 의문의 정체는 무엇인가에 대하여 또 생각하였다. 이러한 의문이 거듭되길 6일째, 용성은 마치 '한 생각이 통 밑이 빠지는 것과 같은 경지'〔一念子如桶底脫相似〕를 체험하였다. 그 경지는 가히 생각을 의심할 수 없는 체험으로, 곧 몸과 마음을 분별하

보광사 전경. 용성은 이곳의 도솔암에서 대비주 수행과 무자화두 타파를 통한 제1차 깨달음과 제2차 깨달음을 체험하였다.

는 마음 전체가 공(空)한 상태라고 말할 수 있다. 달리 말하면, 전세의 업장이 완전히 소멸되어 마음이 훤히 밝아졌다고도 말할 수 있는 것이다. 이러한 지경을 맞이한 용성은 당시 자신이 깨달은 경지를 견도송(見道頌)으로 읊었는데 그 내용은 다음과 같다.

오온 산중에 소를 찾는 나그네가   五蘊山中尋牛客
텅 빈 집에 둥근 달이 훤히 비치는데 홀로 앉았도다.   獨坐虛堂一輪孤
모나고 둥글고 길고 짧은 이것이 누구의 도이랴.   方圓長短誰是道
일단 이 뭣고의 불꽃이 대천 번뇌를 태우는구나.   一團火焰燒大千

　이 깨달음은 용성이 경험한 제1차 깨달음인데, 대비주 염송을 통한 업장 소멸로써 체득한 것이다. 이때 용성의 나이는 열아홉 살(1882년)경으로 추정된다. 이로써 용성은 깨달음의 바다로 한 발 나아간 것이며, 깨달음의 세계로 들어갈 수 있는 단초를 열었다는 데에서 큰 의미가 있다.

이제 용성은 그 진리의 바다에서 힘차게 노를 저었다. 깨달음의 열매를 얻기 위해 부지런히 씨를 뿌리고 가꾸기를 게을리하지 않았다. 그의 나이 스무 살(1883년)에 용성은 금강산 표훈사(表訓寺)로 가서 무융(無融)선사를 참배하고, 무자화두(無字話頭)를 받아 정진을 계속하였다. 이제 그는 한국불교의 정통이라 일컫는 선(禪)의 요체를 깨닫기 위한 수행의 길을 내디딘 것이다.

당시 용성은 무융선사를 만나서 자신이 깨달은 경지의 요체를 말하였다. 그러자 무융선사는 "한 생각이 통 밑이 빠졌다고 하니 그 경지를 능히 알 수 있는 그것은 무엇인가? 이를 일러 보라"는 질문을 하였다. 그러나 이러한 무융선사의 질문에 용성은 묵연무대(默然無對)하였으니, 이것은 용성의 깨달음이 아직 완전하지 못하였음을 말해준다. 이러한 질문과 대답은 무융선사가 용성의 깨달음을 점검한 것이다.

불가(佛家)에서는 깨달음을 얻게 되면, 그 깨달음을 점검하고 인가해 주는 관행이 있어 왔는데, 깨달음의 본질과 내용을 분명하게 하여 삿된 깨달음의 흉내를 근원적으로 없애려는 풍토에서 나온 것이다. 이런 관행에 의해 용성도 그의 1차 깨달음을 선지식에게 점검받으려고 금강산까지 찾아갔으니, 진리에 대해 겸손한 용성의 면모를 엿볼 수 있는 대목이다.

당시 무융선사는 용성에게 "이르지 못한다면 이는 도가 아니다"〔不道不是〕라는 말을 하면서 용성에게 다시 무자화두를 들도록 권유하였다. 이러한 인연, 아니 무융이라는 선지식을 만나 깨달음의 방편을 얻은 용성은 화두 참구라는 새로운 인고(忍苦)의 수행을 지속하였다. 화두라 함은 선종에서 고칙(古則)·공안(公案)으로 불리는데, 수행자들이 참선할 때 참구해야 할 절대절명의 문제이다. 수행자가 자기에게 부여된 화두를 올곧으로 참구하여 그 화두에 담겨 있는 본질 및 사상을 완전히 타파하여 깨달음에 이르는 방편이다. 용성도 바로 이러한 화두참구라는 방편을 택한 것이다.

금강산 표훈사에서 화두를 통한 진리의 세계로 이르는 요체를 얻은 용성은 다시 보광사의 도솔암으로 돌아왔다. 그는 무융선사가 제시한 화두를 깨치고 그 화두에 담겨 있는 의미를 타파하기 위해 부단히 그리고 처절하게 참구하였다. 도솔암에서 무자화두를 통한 수행을 거듭한 용성은 어느 날 홀연 웃음을 띠게 된다. 그 계기를 준 것은 "지난해의 가난은 가난에 이르지 못하였네. 다만 송곳을 꽂을 땅이 없었지. 금년의 가난이 가난의 시작이라 송곳조차도 없다"고 읊은 옛 고승의 말씀이었다. 여기서 의미하는 경지가 이제 그에게 다가온 것이다. 당시 용성의 나

금강산 표훈사.
용성은 이곳에서
선지식인 무용선사를
만나 깨달음을
점검받고 무자화두의
참구라는 방편을
얻었다.

이 스물한 살(1884년), 그는 무자화두를 통한 제2차 깨달음을 다음과 같이 노래하였다.

번뇌의 구름을 헤쳐 안개를 잡고 문수를 찾아　排雲獲霧尋文殊
비로소 문수에 이르러 보니 확연히 비었더라.　始到文殊廓然空
색색공공이 다시 공으로 돌아가며　　　　　　　色色空空環復空
공공색색이 거듭 다함이 없도다.　　　　　　　空空色色重無盡

용성의 제2차 깨달음의 노래는 수도송(修道頌)이라고 불리는데, 용성이 무자화두를 완전히 타파하였음을 짐작할 수 있는 대목이다. 그는 이제 공(空)과 색(色)이 둘이 아니며, 그 공과 색이 다시 공으로 돌아감을 알았으며, 그러한 경지가 또한 다함이 없다는 것을 깨달았다. 이 말은 곧 그의 깨달음이, 넓이가 확대되면서 그 깊이도 심오해지는 단계로 들어서고 있음을 말해 주는 것이다. 한편 용성은 선 수행을 하면서도 『육조단경』(六祖壇經)을 열람하는 등 경전을 통해 스스로의 수행을 점검하였다. 이는 자신의 수행과 깨달음을 이전 선사들의 경험을 통하여 점검하려는 의식의 확대로 보여진다.

깨달음의 바다로

용성의 나이 스물한 살(1884년), 그는 깨달음의 경지를 수행을 통하여 체득하고 통도사(通度寺)로 발길을 옮겼다. 통도사는 불보(佛寶) 사찰로 유명하지만, 특히 창건 고승인 자장(慈藏)율사 이래 계율정신의 수호로 명성이 있는 사찰이다. 용성이 깨달음 이후 통도사로 간 이유는 무엇이었을까? 그 행보를 통도사의 계율과 연관을 지어 찾아볼 수도 있다. 용성은 대비주와 참선을 통한 깨달음을 얻었기에 이제는 계율을 통한 수행을 하려는 의지를 갖게 된 것은 아닐까?

통도사로 간 그는 금강계단(金剛戒壇)에서 선곡(禪谷)율사에게 비구계와 보살계를 받는다. 그런데 선곡율사는 지리산 칠불암(七佛庵)의 대은(大隱)율사로부터 이어져 온 정통 계맥을 지닌 승려였다. 조선시대의 계율에서는 대은(大隱), 금담(錦潭), 초의(艸衣), 범해(梵海), 선곡(禪谷) 등으로 이어진 계맥을 정통으로 인정하였다. 이는 곧 용성이 조선조 이래 정통 계율의 맥을 계승했다는 것을 말한다. 이제 용성은 계율이라는 면에서도 정통 맥을 이어, 그의 불교사상이 용성 개인의 경지에서 벗어나 당시 조선불교의 정통 차원에서 이야기될 수준으로 상승하고 있었다. 용성은 이 사실을 일생 동안 자랑스럽게 여겼다.

이러한 거듭된 수행은 그가 점차 깨달음의 중심에 와 있음을 일러주는 것이다. 통도사에서 계맥을 전수받은 용성은 발걸음을 지리산 금강대로 옮겨 놓는다. 그곳에서 동안거(冬安居)를 지내고는, 이어 순천의 송광사(松廣寺) 삼일암(三日庵)으로 가 하안거(夏安居)를 지냈다. 삼일암에

송광사 전경.
용성은 이곳의
삼일암에서 제3차
깨달음을 얻어
무학도(無學道)의
경지에 이르렀으니,
그의 나이 22세였다.
용성은 그후에도 호붕
강백에게 수학하는 등
자유자재의 경지로
수행을 계속하였다.

서 그는 『전등록』(傳燈錄)을 열람했는데, '월사만궁'(月似
彎弓 : 달은 굽은 활과 같고)하고, '소우다풍'(小雨多風 : 비는
적은데 바람만 많구나)하다는 구절에 이르러 홀연 깨달았
다고 한다. 이 구절은 중국 가관(可觀)선사의 법어에서 유
래된 것인데, 그 내용은 '구름 한 점 없는 청천 하늘에 반
달이 훤히 비추고 있구나. 너희들은 어찌하여 번뇌 망상

의 바람은 많고 감로 법우는 이리도 적으냐'는 뜻이다.

용성은 이 구절을 보는 순간 타실비공(打失鼻孔), 다시 말하면 콧구멍을 쳐버렸다는 것이다. 여기서 콧구멍이란 본분사(本分事)를 이르는 말이었기에 요컨대 본분사를 꿰뚫어 버렸다는 뜻이다. 이는 혜안이 확 트이고, 일면불월면불(日面佛月面佛)화두와 무자(無字)화두의 뜻까지 명백해진 경지라고 한다. 달리 말하면, 세간과 출세간의 경계가 공(空)한 상태에 이르렀음을 이르는 것이다.

이러한 깨달음은 그가 해인사로 돌아오면서 읊은 노래에 다음과 같이 전하고 있다.

가야의 이름이 청구에 높으니	伽倻名價高靑丘
명심도사가 얼마나 왕래하였던가.	明心道師幾往來
곧게 뻗은 기암이 바늘처럼 높이 쌓여 있고	矗矗奇巖疊鱗高
빽빽이 뻗은 잣나무가 서로서로 연이어 푸르구나.	密密栢樹相連靑
무한한 흰구름이 동리를 가득 메웠으며	無限白雲滿洞鎖
크게 울리는 종소리는 푸른 창공에 가득하고	洪鍾轟轟碧空衝
머리를 들어 산을 보니 노을이 취한 듯 흘러가고	回首看山醉流霞
나무에 기대어 곤히 잠드니 해가 서산에 걸려 있네.	倚樹沉眠日已斜

용성의 이 깨달음은 무학도(無學道)로 불리는 것으로, 여기에서 그는 더 이상 배울 것이 없을 정도로 깨달음이 확연해지고 있음을 알 수 있다. 당시 그의 나이는 스물두

살(1885년)이었으니, 그 당시에 벌써 자연과 하나가 되고 그 자연을 포용하며 그 자연 속으로 자유자재로 노닐 수 있는 경지에 이르렀다고 볼 수 있다.

용성은 무학도의 경지에 이르렀지만, 수행을 지속하여 깨달음의 경지를 더욱 확대하면서 깨달음의 세계를 자유자재로 왕래하였다. 당시 그가 제3차 깨달음을 겪은 이후 자유자재의 경지로 수행을 계속한 개요, 즉 관련 사찰, 수학한 승려, 수행 내용 등을 정리하면 다음과 같다.

송광사 감로암 → 호붕(浩鵬) 강백에게 『기신론』과 『법화경』
　　　　　　　　수학
지리산 상선암 → 선객(禪客) 33인과 참선수도(하안거)
곡성 태안사 → 수경(水鏡) 강백에게 『선요』와 『서장』 수학
지리산 상무주암 → 석교(石橋)율사에게 『범망경』과 『사분율』
　　　　　　　　(동안거) 수학
　　　　　　　　도우(道友) 33인과 참선수도(하안거)
송광사 → 호붕(浩鵬) 강백에게 『화엄경』 수학
해인사 → 월화(月華) 강백에게 『선문염송』 수학
대승사 → 월화 강백에게 『화엄경』 「십지품」과 『치문경훈』
　　　　　수학
금구(김제) 용안대 → 도식(道植)선사와 참선
송광사 삼일암 → 참선수행(하안거)

이처럼 용성은 깨달음을 얻은 후에도 각처의 선지식을

확철대오의 경지에
이르렀던 용성이
수행하였던
경북 구미시의
아도모례원을 용성의
문도들이 참배하고
있다.

찾아 불법의 요체를 거듭 확인하였다. 그리고 점차 독자적인 수행을 지양하고 도반들과 공동 수행하는 변화를 보이기 시작하였다. 여기서 독특한 것은 용성의 이러한 수행이 당시 일반화된 강원의 수학과정과는 매우 다르다는 것이다. 요컨대 그는 경전을 먼저 배운 것이 아니라 깨달음의 경지를 점검하려고 경전 및 선사들의 어록을 보았다. 이른바 전통적인 불교의 수학과정인 '사교입선'(捨敎入禪)이라는 과정을 반대로 한 것이다.

특히 앞에서 살펴본 용성의 선지식 탐방 이력은 용성의 깨달음을 더욱 확실하게 하였을 것이다. 그것은 용성이 찾아간 선지식들이 각 분야에서 대가의 경지에 오른 인물들이라는 데에서 이해할 수 있다. 더욱이 용성은 선을 통한 깨달음에 올랐으므로 자신에게 부족한 교학 및 계율 분야의 지식을 보완하고, 교학을 통한 깨달음을 재점검할 수 있는 계기가 되었다는 점에서도 매우 귀중한 시간이었을 것이다.

이렇게 독특하고 치열한 깨달음의 확인과 정진을 통해 마침내 용성은 스물세 살(1886년)에 확철대오의 경지에 이르렀음을 보이는 제4차 깨달음을 겪었다. 1886년 9월, 용성이 낙동강을 건너는 뱃전에서 읊은 깨달음의 노래는 다음과 같다.

금오산에 천년의 달이요   金烏千秋月
낙동강에 만리의 파도로다.   洛東萬里波
고기잡이 배는 어느 곳으로 갔는고   魚舟何處去
예와 같이 갈대꽃에서 잠을 자도다.   依舊宿蘆花

탈속의 경지를 읊은 이 깨달음의 노래는 용성의 최후의 깨달음을 보여주는 구절로서, 보리도(菩提道)의 극치를 말하고 있다. 즉 그가 불교사상의 최후의 궁극점인 보리사상에 다다랐음을 보여주는 것이다. 한편 이 노래는 그가 후일 대각교(大覺敎)운동을 추진할 때, 대각교 종지의 천명으로 내보이던 오도송(悟道頌)이었다.

이제 용성은 깨달음의 바다를 자유자재로 노닐 수 있

다는 대자유를 얻었으며, 그 자유의 폭과 깊이를 검증받
았다. 이는 그가 무아(無我)·무심(無心)의 경지를 터득하
여 자연과도 하나가 된 깨달음의 세계를 체득하였음을
말해 주는 것이다.

용성은 스물세 살부터 서른 살까지는 대략 이러한 치
열한 수행을 거듭하면서 수선과 참선, 경전의 열람 그리
고 각처의 선지식을 탐방하였다. 그가 거쳐간 곳은 창원
봉림사의 봉림선당(鳳林禪堂), 신라불교 초전 법륜지인 경
북 구미시의 아도모례원(阿道毛禮園), 호국 호법의 도량인
경주 천룡사(天龍寺), 경주 남산의 칠불암(七佛庵)·신선대
(神仙臺), 백제불교 초전 법륜지로 일컫는 서울 우면산의
대성초당(大聖草堂) 등지였다. 이러한 과정을 거쳐 용성의
불교사상과 철학은 점차 골격을 갖추면서 여유스러움이
더하여 갔을 것이다. 그러나 용성은 여기에서 만족하지
않았다. 자신의 깨달음과 사상을 더욱 다져야 할 필요를
느끼고 또 다른 도전을 하였으니, 바로 은둔과 보림(保任)
이었다.

은둔과 보림, 법거량과 재점검

이제 용성은 자신의 깨달음을 지키면서, 한편으로는 그
깨달음을 실현하기 위한 은둔의 길로 나아갔다. 이것을
불교에서는 보림(保任)이라고 말하기도 하고, 수선(修禪)

이라고 표현하기도 한다. 즉 자신의 내부에 있는 습기(習氣)와 무명(無明)의 찌꺼기를 완전히 제거하기 위한 방편이기도 하다. 용성이 보림을 단행한 시기는 대략 용성의 나이 서른 살(1893년)에서 마흔여섯 살(1909년)까지의 약 17년간이다. 이 기간 동안 용성은 자신의 깨달음을 거듭하여 확인하고, 각처의 선지식들을 탐방하여 올바른 불교 사상 확립에 온 정성을 다하였다.

그런데 그의 나이 서른 살 무렵부터 서른일곱 살까지의 행적은 현재 분명하지 않다. 아마도 당시에 그는 깊은 산중에서 철저한 은둔을 하였기 때문에 일체의 기록과 일화를 남겨 놓지 않은 듯하다. 아마도 토굴에 들어가 자신과 처절한 싸움을 벌이며, 깨달음의 경지를 스스로 점검하지 않았을까? 이제까지의 그의 깨달음은 주관적이었기에, 경전 및 선사의 어록 등을 통해 그 깨달음을 확인해 보기도 하였으리라. 한편 그가 이처럼 스스로 은둔을 단행한 것은 미래를 준비하기 위한 최종적인 마음의 준비를 한 것이 아니었나 여겨진다. 처절한 고행을 통하여 자신의 사상과 철학을 수립하여 어떠한 도전에도 흔들림 없는 상태로 진입하려는 준비단계가 아니었을까?

그래서 그는 일체의 그림자도 속세와 불가에 남기지 않을 정도로 은둔을 고집했다. 이것은 미래의 보다 큰 활동을 위한 기다림으로 보아도 좋을 것이다. 그 치열하고 암담한 기다림을 다한 사람이야말로, 자신을 진정으로 필요로 하는 적절한 시기를 깨달을 수 있지 않겠는가?

무수한 기다림과 처절한 자신과의 싸움을 마치고, 용성이 다시 그의 행적을 내보인 것은 1900년, 그의 나이 37세 때였다. 이제부터는 은둔의 그림자를 걷고, 당시의 유명한 선지식을 찾아 법거량을 하기 시작하였다.

1900년 8월, 그가 맨 처음으로 모습을 보인 곳은 서산의 천장암(天藏庵)이었다. 당시의 천장암은 한국 선불교의 중흥조로 불리는 경허(鏡虛)가 뜨거운 선풍을 한껏 뽐내던 사찰이었다. 천장암, 개심사, 수덕사 등이 있던 그 즈음의 호서지방은 경허의 선풍이 거세게 번져 나가던 지역이었다. 용성이 은둔을 마치고 가장 처음 천장암을 찾아간 것도 바로 이러한 경허의 선풍을 접하려는 의도로 보인다. 용성도 당시 전국을 풍미하고 있던 경허의 선풍을 모를 리 없었을 것이다.

천장암에 도착한 용성은 그곳의 이름 모를 선사와 한껏 법거량을 하였다. 즉, "어디에서 왔냐?"는 질문에, 용성은 주먹을 불끈 쥐어 들어 보였다. 또 그 선사가 목침을 들며 "이것이 무엇이오?"라고 질문하자, "목침도 모르는구려"라고 답했다. 선사가 그 목침을 옆으로 옮기고 나서 다시 "이것이 무엇이오?"라고 응답을 요청하자, 용성은 "목침이오"라고 한치의 틈도 허용하지 않는 선풍을 내보였다.

천장암에서 법거량을 마친 그의 발걸음은 바로 이튿날

수덕사 관내의 정혜사(定慧寺)로 옮겨 갔다. 이곳 정혜사는 수덕사 선풍의 핵심 근거처인데 눈밝은 승려들의 수행처로 명성이 높은 곳이다. 물론 정혜사도 경허의 선풍이 드날리던 곳이었으며, 그 이후에는 수덕사를 대표하는 선사인 만공(滿空)의 선기가 어려 있던 곳이다. 당시 정혜사에는 경허가 법을 인가해 주었던 혜월(慧月)이 머무르고 있었다.

혜월은 예산 출신으로서 보조국사의 『수심결』(修心訣)을 통해 깊은 뜻을 깨달았으며, 대비주 독송이라는 수행을 통하여 마음의 눈을 뜬 인물이었다. 당시 그는 경허가 개설한 정혜사 선원을 맡으면서 수행을 거듭하여 명성이 인근에 회자되고 있었다. 혜월은 이미 1890년에 경허로부터 "모든 진리를 알면 자성(自性)은 무소유하다. 이렇게 법성(法性)을 알면 곧 비로자나 부처를 본다⋯⋯"라는 전법게를 받았던 눈밝은 선사였다. 용성은 그런 혜월과도 힘찬 법거량을 마다하지 않았다.

용성이 정혜사에 도착하니 혜월은 즉시 "어디서 오시오?" 하고 점잖은 질문으로 맞이하였고, 용성은 "천장암에서 왔노라"고 화답하였다. 방으로 안내된 용성은, 목침을 들고 "이것이 무엇이오?"라고 묻는 혜월의 기습적인 선풍에, "목침이니라" 하고 간결하게 응대하였다. 다시 혜월은 그 목침을 옮겨 놓고서 "이럴 경우의 의문이 정당하면 무엇을 얻을 수 있는가?"라는 질문을 하며 용성의 응대를 기다렸다. 그러자 용성은 순식간에 "이는 여러 부처가 광명을 나투는 곳이오"라는 말로 선기를 과시하였다. 용성이 이처럼 눈밝은 선지식인 혜월과의 법거량에서 거침이 없었음은 치열한 은둔을 거쳤기에 가능했다고 보인다.

그 해 겨울, 용성은 발걸음을 송광사로 옮겨 놓았다. 송광사 조계봉의 토굴에서 동안거함으로써 겨울 한 철을 나기 위해서였다. 이듬해인 1901년 봄, 용성은 해인사로 갔다. 해인사는 그가 정식 출가를 한 사찰이었으므로 그로서는 매우 의미 깊은 탐방이었을 것이다. 그러나 이제 그는 한가로운 탐방에 머무를 처지가 아니었다. 용성, 그는 이제 사미 십계를 받았던 체도비구(剃度比丘)한 승려가 아니라 깨달음과 견성을 마친 의연한 선지식으로 변하여 돌아온 것이다. 그러기에 그는 해인사의 제산(齊山)선사와 의미 있는 법거량을 할 정도였다. 제산은 본래 직지사의 승려였는데 마침 해인사에서 겨울을 나기 위해 수행하고 있었다.

그 당시에는 용성이 먼저 제산에게 과감히 법거량을 걸었다. 용성이 목침을 들고 말하기를 "이를 목침이라 하면 집착하는 것이요, 목침이라 아니하면 배반하는 것이니 이 도리를 일러 보시오"라고 하자, 제산은 그 목침을 던져 버렸다. 그러자 용성이 말하였다.

산하(山河)라고 부른다면 이는 집착하는 것이요
산하(山河)라고 말하지 않으면 배반하는 것이니 일러 보시오.

마침내 제산은 묵묵부답이었다고 한다. 용성의 깨달음은 이제 법거량을 걸 정도로 성장한 것이다. 그의 선풍은 더 이상 거칠 것이 없었던 것으로 보여진다.

1901년 4월, 용성은 계율의 맥을 전수받았던 통도사로 갔다. 그는 통도사 옥련암(玉蓮庵)의 동은(東隱) 강백에게서 『선문염송』을 배웠다. 동은 강백은 전라도 일대의 강학 분야에서는 첫손에 꼽히는 인물로서, 젊어서는 주로 강원에 있었지만 쉰 살을 넘어서는 선원에 몸담고 있었다. '능선능강'(能禪能講)하다는 평을 들을 정도였던 그는, 당시 주야로 참구에 전념하면서 통도사의 옥련암에서 두문불출하며 수행에 전념하였다. 이러한 동은이 마침 통도사에서 『선문염송』을 강의한다는 소식을 듣고 용성은 동은의 불교사상을 접하려고 옥련암에 머물렀던 것이다.

한편 용성은 그 해 겨울, 성주군의 수도암(修道庵)에서 동안거를 지냈다. 그 이듬해인 1902년, 화엄사(華嚴寺) 탑전(塔殿)으로 발걸음을 내디딘 그는 그곳에서 여름을 나고 있었다. 이 탑전은 사자탑(獅子塔)을 말하는 것인데, 신라시대의 자장율사가 중국의 청량산에서 문수기도를 드리던 중에 큰 깨달음을 성취하고 귀국하면서 가져온 불사리를 모신 탑이었다. 그 후 동(東)으로는 불국사의 다보탑이요, 서(西)로는 화엄사의 사자탑이 유명하다고 회자되었다.

용성이 화엄사에 머무르던 그 즈음, 만공이 충청도의 내포(內浦)에서 통도사로 왔다. 만공은 경허의 수법제자로서, 당시 그는 내포 부근뿐만 아니라 각처를 돌아다니며 참선수행을 거듭하고 있었다. 내포라 함은 충청남도 가야산(伽倻山) 일대를 가리키는데, 그곳에는 수덕사·천장암·개심사·부석사 등의 사찰이 있었다. 당시 만공은 경허에게 정식으로 깨달음을 인가받기 전이었지만 그의 깨달음은 일취월장하며 기세를 떨치고 있었으므로 용성은 법거량하기를 마다하지 않았다.

용성은 만공에게 "먼 길에 오느라고 고생이 많았겠구려. 그래, 시자는 몇이나 되는가?" 하고 물었다. 그러자 만공은 "나는 시자가 없으며, 오는 데 고생도 없었소"라고 대답하였고, 용성은 즉시 "너무 외로운 삶이구려"라고 하였다. 이에 만공이 "어떻게 견디시오?"라고 반문하자 용성이 응대하였다.

곤하면 잠잘 뿐이요
별다른 묘책이 없으니 때가 오면
바람이 등왕각(藤王閣)으로 보낼 것이니라.

이처럼 용성의 선풍과 기개는 날로 성장하여 그 누구를 상대하여도 거칠 것이 없을 정도였다.

날로 번뜩이는 용성의 선풍은 이제 수행하는 납자(衲子)를 가르칠 수 있는 경지에 올라서고 있었다. 하루는 봉성(鳳城) 수좌와 함께 법당을 지나갈 때, 용성이 문득 그를 불러 세우고 말하였다. "의룡(義龍)을 낚고자 하였더니 겨우 절름발이 자라만 걸리는구나."

그러나 봉성은 대답을 할 수 없었다. 이에 용성이 일러 주기를, "오묘한 이치를 알지 못하고 공연한 헛고생이로다"라고 하여 봉성을 일깨워 주었다.

그리고 그 해 9월에는 순천 선암사(仙巖寺)의 칠전(七

殿)으로 가서 동안거를 지냈다. 이러한 과정에서 용성은 그의 깨달음을 보림하면서도, 은둔을 통해 다져진 사상을 경전 열람과 법거량을 통하여 재점검하였다. 즉 그러한 과정 전체를 기꺼이 수행으로 여긴, 이른바 상구보리(上求菩提)의 자리행(自利行) 그 자체였다. 또한 그것은 중생을 구제하고 승려들을 지도하는 하화중생(下化衆生)인 이타행(利他行)을 위한 자기 정비요, 자기 확인인 셈이었다.

용성은 그러한 과정을 모두 마치고 이제는 대중과 중생을 구하기 위한 대열로 나갈 준비가 된 것이다. 대중과 중생을 진리의 세계로 끌어들이기 위한 막바지 채비를 마친 용성은 이제껏 진리의 바다에서 체득한 자유를 활용할 수 있을 때를 기다렸다.

진리의 물을 대중에게

이제 용성은 자리행(自利行)을 마치고, 이타행(利他行)을 실천할 만반의 채비를 갖추었다. 용성의 나이 마흔 살 (1903년), 이제 그의 나이는 어엿한 중년을 넘어섰으며 거기에 걸맞은 깨달음을 체득하였다. 그가 스무 살 전후에 깨달은 진리의 세계를 갈고 닦은 지가 어언 25년이나 지난 것이다.

그런데 당시는 서세동점하였던 서구열강의 제국주의가 한국을 넘보기 위해 갖은 책동을 다하던 때였다. 점차 열강의 세력 중 일본 제국주의가 최종 승리자로 확정되기 직전이었다. 특히 일제는 한국을 무력으로 강탈하기 위해 갖은 수단과 방법을 총동원하고 있었다. 일제는 그 일환으로 불교를 앞세운 종교침략을 마다하지 않았다. 그러나 불교계에서는 서구문명 및 제국주의의 거센 도전에 대하여 제대로 대응하지 못하였다. 특히 일본불교를 앞세운 일본의 교묘한 책동 앞에서는 더욱 자기 정체성을 잃고 진통을 겪고 있었다. 당시 풍미하고 있었던 사회진화론(社會進化論)의 위세에 함몰되어 일본불교의 사상과 신앙 등에 우호적인 자세를 갖기에 이르렀다. 그 결과 한국불교 전통의 상실을 가져왔으며, 심지어는 일본불교에 의존하여 한국불교의 발전과 중흥을 꾀하려는 몰지각한 비주체적인 부류들도 상당수 등장하였다.

결국 일본불교 모방의 풍조가 광범위하게 불교계에 파급되어 갔으며, 이러한 현실은 한국불교의 근본을 위협하는 매우 위험스러운 지경이었다. 더구나 조선후기 이래 정치·사회적으로 낙후된 위상을 갖고 있던 불교계가 이처럼 외세의 물결에 걷잡을 수 없을 정도로 중심을 잡지 못했다는 것은 위험천만한 일이 아닐 수 없었다. 불교가 막 중흥되기 시작한 그 시기의 한국불교는 비자주성과 식민성에 함몰되어 그것을 꼬리표로 달고 다니는 형편이었던 것이다.

이러한 때에 용성은 그의 의무이자 본분사(本分事)를 다하기 위해 지금껏 준비해 온 보살의 보자기를 풀어 놓았다. 이제 용성은 불교와 민족의 부름에 나서야 할 책무에 직면한 것이다. 그 일은 회피할 수 있는 것이 아니며, 회피한다고 피할 수 있는 것도 아니었다. 용성이 열네 살

에 출가할 당시부터 꿈꾸어 오던 이상이었으며, 수십 년
간 수행과 정진의 과정에서 고민에 고민을 거듭해 온 문
제였다. 이제 때가 온 것이다. 용성은 때를 만난 것이다.
아니, 그 때를 만나기 위해 용성은 부단히 그리고 차분하
게 기다려 온 것이라고 말해야 하지 않겠는가.

1903년 2월, 용성은 지리산 상비로암(上毘盧庵)으로 발
길을 옮겼다. 그는 이곳에서 처음으로 선회(禪會)를 개설
하였다. 선회를 개설하였다는 것은 곧 일반 승려인 대중
들을 지도하겠다는 적극적인 의사 표시이다.

어느 날 금봉(錦峰) 강백이 용성에게 "조주(趙州)가 짚
신을 이고 갔다는 뜻이 무엇인가?" 하고 물었다. 용성은
다음과 같이 응대하였다.

문앞의 한 그루 소나무여	門前一株松
까마귀 날아가자 까치가 와서 앉았느니라.	烏去鵲來

이 대목은 곧 용성의 선풍이 금봉 강백의 선풍을 제압
했음을 뜻한다. 그러면 금봉 강백은 누구인가? 그는 여수
출신으로 흥국사에서 출가했으며 당시 법명은 병연(秉演)
이었다. 그는 당대 제일의 석학이었던 선암사의 김경운
(金擎雲) 강백에게서 교학을 수학하여, 박한영·진진응 등
과 함께 강맥을 떨쳤는데 입실건당(入室建幢)하여 법호를
금봉이라 하였다. 이렇듯이 용성의 선풍은 그 일대를 풍

미하였고 제방납자의 지도는
거칠 것이 없었다. 그 해 9
월, 용성은 묘향산으로 가기
위해 석왕사(釋王寺)에 도착
하니 북쪽지방이 매우 소란
하다 하여 금강산 불지암(佛
地庵)으로 발길을 돌려 그곳
에서 동안거를 지냈다. 그리
고 그 이듬해(1904년) 2월, 철
원의 보개산(寶盖山) 성주암
(聖住庵)에 가서는 선회를 개
창하였다.

보개산은 차령산맥 중앙에
위치한 산으로, 그 산맥이 소

철원 보개산의
유적지에서 용성의
흔적을 살피고 있는
용성의 문도들.
용성은 보개산
성주암에서 선회를
개창하는 등
치열하고도 단호한
선 수행의 가르침을
펼쳤다.

요산·도봉산·삼각산 등지로 뻗어 내렸다. 이 산은 함경
도·황해도·강원도·경기도 등을 두루 거쳐가는 교통의
요충지인 셈이었으므로 자연히 운수 납자들의 발길이 잦
은 곳이었다. 또한 금강산과 묘향산을 왕래하는 중간 지
점이었기에 납자들이 으레 통과하는 길목이기도 했다. 한
편 철원평야가 한눈에 바라보이는 장소였기에 선 수행에
도 좋은 여건을 갖추었다. 이런 연유에서 용성은 이 산에
서 선회를 개최하고, 불사를 일으키게 되었을 것이다. 용
성이 선회를 개창한 성주암은 관음보살이 머물던 도량이

라 하여 암자 이름을 '성주암'이라 했는데, 선원으로 명성
이 높은 곳이다.

　보개산 성주암에서 선회를 개창하던 중에, 하루는 무휴
(無休)라는 승려가 견성했다고 교만을 부렸다. 그러자 용
성이 말하였다.

　내가 듣기로는 견성한 이는 백천공안(百千公案)을 모두 꿰
뚫고 있다고 하는데 열 가지 병통에 떨어지지 말고 조주(趙
州)가 말한 무자(無字) 의미가 어떠한지 속히 이르시오.

　용성은 무휴의 견성이 과연 참된 것인지, 아니면 아직
미치지 못한 것인지를 분별하고 수행의 오류를 제도하려
는 의도에서 그러한 물음을 던져 본 것이다. 용성의 물음
에 무휴가 어떠한 대답도 하지 못하자 용성은 할(喝)을
사정없이 토해 냈다. 그리고 무휴에게 깨달음에 이르는
수행을 다시 하도록 하는 지침을 내렸다.

　이는 사람들의 거짓말을 크게 확대시키는 것〔增上大妄語
人〕이니 후일에는 이러한 견해를 내지 말도록〔不作這般見解〕
하게.

　용성의 이러한 견책에 응대하지 못한 무휴는 절을 하
고 그 자리를 물러났다. 용성은 이처럼 확고한 깨달음의

경지에 이르지 못하고, 깨달음의 입구에도 미치지 못하면서 견성을 흉내내는 무리들을 단호히, 그리고 한편으로는 자애스럽게 지도하였다. 용성은 이곳 보개산의 선회에서 치열하고도 단호한 선 수행의 가르침을 무수히 펴나갔다.

1905년 9월, 보개산의 관음전(觀音殿)이 낡아 허물어질 지경에 처하자 이를 안타깝게 여긴 용성은 관음전을 새로이 증축하였다. 한편 여가에는 『선문요지』(禪門要旨) 1권을 저술하였다. 이 책은 용성의 최초 저술인데, 현재 전하지 않고 있어 안타까움을 더하고 있다. 추측건대, 선회를 개설하여 수많은 대중들을 지도하면서 느낀 선(禪)의 요지와 선에 이르는 내용을 정리한 책이라고 여겨진다. 관음전 증축도 용성이 최초로 시도한 불사(佛事)의 결실이므로 보개산은 용성에게 매우 중요한 의미를 갖는 곳이다. 그리고 그 즈음의 용성은 보개산의 석대암(石臺庵)에 올라 선회를 개창하여, 선 수행에 대한 애정을 내보였다. 석대암은 보개산에서 가장 큰 사찰인 심원사(深源寺)의 소속 암자로서, 지장보살 도량으로 널리 알려진 암자였다.

그 해 10월경에 이르러서는 도반 천원(天圓)과 함께 자유자재한 분위기에서 무수한 법담을 하고, 11월경에 서울로 올라왔다. 그가 서울로 온 것은 서울 인근의 망월사(望月寺) 법회에 참석하는 게 주된 목적이었다. 이제 용성의 수행력과 깨달음의 여파가 서울까지 내달았다고 하겠다.

망월사 법당에 올라간 용성은 한참을 침묵하다가 주장자를 세우고 대중들에게 다음과 같이 고하고는 법상을 내려왔다.

이것이 무엇인가?
이 주장자에는 군더더기의 말이 없으니
그대들이 헤아려 보라.

대중들 스스로 탐구하고 수행하기를 강조한 말이다. 한편 망월사에서 섣달(1906년) 그믐밤에 한 상당법문(上堂法

편 망월사에서 섣달(1906년) 그믐밤에 한 상당법문(上堂法門)에서는, 대중들의 공부를 점검하면서 다음과 같이 그의 심정을 피력하였다.

우뚝 솟은 기암 절벽은 높이높이 솟았고
빽빽한 소나무와 잣나무는 서로 이어 푸르도다.
한없는 흰구름은 온 고을을 가득 채웠는데
큰 종소리는 구름까지 뚫고
푸른 하늘까지 충천하여 사무치도다.

기암 절벽, 빽빽한 소나무와 잣나무, 끝없는 흰구름, 큰 종소리 등이 저마다 여유 있음을 노래한 심정은 무엇이었을까? 혹시 자연은 그처럼 여유롭고 제 위치를 차지하건만 대중들의 수행은 거기에 미치지 못함을 경책한 것은 아니었을까? 용성은 주장자를 한 번 내리치고 법상에서 내려왔다. 주장자를 내리침은 바로 그러한 경책의 의미였을 것이다.

1906년 1월 14일, 궁중의 임상궁이 용성을 만나러 망월사에 왔다. 용성은 임상궁에게 해인사의 대장경 경판이 낡아 손질을 해야 한다고 이야기하였다. 이러한 용성의 권유를 받은 임상궁은 궁중의 내탕금(內帑金) 6천 원을 흔쾌히 제공하였다. 용성의 정성으로 대장경 경판이 보수될 수 있는 행운을 맞은 것이다. 용성이 대장경 경판을 보수한 것은, 이제 그의 관심이 개인적인 차원의 불법수행에서 전 불교계의 문제로 옮겨 갔음을 짐작할 수 있는 대목이다. 즉 용성은 불교의 모순과 문제점을 직시하고 그 문제점을 해결하려는 의식을 갖게 된 것이다. 그러한 의식은 용성에게서 자생적으로 생겨나 실천에 옮겨졌다는 점에서 매우 값진 것이었다. 당시 고종은 임상궁의 주선으로 2만 냥의 국고를 추가로 지원하였으며, 대장경 보수가 문제 없이 진행되도록 용주사 승려 강대련(姜大蓮) 등을 파견하는 등 적지 않은 관심을 보이기도 하였다.

그 해 3월, 용성은 해인사로 갔다. 해인사에서도 용성은 법당에서 여러 차례 법문을 하였다. 하루는 법상에 올라 대중들에게 고하였다.

여러 대중들아!
세간의 인연을 모두 떨치고 해진 옷의 누더기로
온 천하를 표류하니 이것은 무엇을 위한 것인가?
만약 부처[佛]를 배우고자 함이면 옳은 처사이니라.
만약 법(法)을 배우고자 함이면 옳은 처사이니라.
만약 승(僧)을 배우고자 함이면 이 역시 옳은 처사이니라.

대중들에게 이러한 가르침을 강조한 것은 불(佛) · 법(法) · 승(僧)을 배우기 위해 출가한 승려들의 본분사를 잊지 말라는 경고가 아니었을까?

당시 불교계는 점차 일본불교에 경도되어 민족불교라는 본연의 대열에서 이탈되어 가는 승려들이 적지 않았다. 심지어는 일본불교의 모방을 불교의 중흥이라고 여기고, 일본불교 및 친일파에 기대어 불교 발전을 이루겠다고 서로 경쟁까지 하는 풍조가 당시 중앙 불교계의 현실이었다. 그러한 풍조는 점차 지방 불교계에도 파급되어 갔으며, 심지어는 대처식육이라는 일본불교의 행태를 받아들이려는 계율 파괴로 나타나고 있었다. 이러할 즈음에 용성이 그러한 경책을 내린 것은 의미가 깊다 하겠다. 한국불교의 전통이 흔들리는 이때에 용성의 가르침이야말로 일침이요, 그 자체가 한국불교의 중심을 붙잡으려는 애정이 아니겠는가?

그 후 용성은 해인사의 백련암(白蓮庵)에서 하안거를 지냈다. 하안거 도중 대중 승려들의 수행을 지도하면서, 점차 성숙되어 가는 그의 선풍을 마음껏 발휘하였다. 하루는 법좌에 올라 다음과 같이 상당법문을 하였다.

알겠는가?
뒤에는 주산(主山)이 이리 높고
앞에는 안산(案山)이 저리 낮도다.
가볍게 말하지 말라 경솔히 생각지 말라.
운문(雲門)의 마른 똥막대기요 산승(山僧)의 눈꼽이니라.

그리고 주장자를 세 번 힘껏 내리치면서 일갈(一喝)하였다. 이는 중국의 고승 운문선사가 수행자들의 본의(本意)를 철저히 참구하라는 경책을 활용한 것이다. 그렇다, 대중 승려들은 모든 일을 가볍게, 그리고 경솔히 대하고 처리하면 안 되었다. 일본불교가 침투하고, 한국불교의 전통이 흔들리는 때에 납자들은 경거망동을 해서는 안 되었다. 불교의 정신이 나약해지고, 불교의 사상이 쇠약한 시기에 마지막 보루인 납자들마저 경솔하게 행동한다면 한국불교의 뿌리는 어디에서 찾을 것인가. 용성이 고민하여 경책을 하고, 일갈했던 의도는 바로 여기에 있었다고 보아야 하지 않을까?

역시 백련암에서, 어느 날 용성은 법상에 올라 다음과 같이 송(頌)하였다.

산승이 종래로 선을 알지 못하였네.	山僧從來不會禪
동지로부터 한식까지 105일이로다.	冬至寒食一百五
구광루 아래에 맑은 물이 흐르고	九光樓下淸水流
가야산 위에 흰구름 두둥실	伽倻山上白雲飛
밤이 오자 비가 내려 이제에 이르니	夜來下雨至於今
반드시 농가에 기쁨과 또한 바쁜 줄을 알겠도다.	應知農家喜又忙

그리고 주장자를 한 번 내리치고는, "조금 모자란 것은 무엇이오? 일이 없으니 진중(珍重)하라"고 하였다. 이제

용성은 선(禪)에 머무르는 것도 아니고 해인사의 주산인 가야산의 흰구름이 흘러가듯, 때가 되면 비가 내리듯 자연의 경지에 올라선 것이 아니었을까? 그러하기에 그는 이 모든 자연의 움직임과 조화가 다만 농가에 기쁘고, 바쁜 일이 일어나게 될 것이라는 것만 알았다고 자부하였다. 그러나 대중들에게는 조심하라는 경책의 언급을 하였을 뿐이다. 무엇을 위해 조심하라는 것이며, 그 모자란 것은 무엇을 말하는 것일까? 그것은 단언할 수 없다. 그 무엇에 대한 풀이와 갈무리는 대중들의 몫이었다. 이처럼 용성은 대중들이 나아갈 곳을 찾도록 의분심(義憤心)을 일으키고, 방향을 제시하는 그의 임무를 다하였다.

말을 우물가로 끌고 올 수는 있되, 그 물은 말 스스로 먹어야 한다. 그렇다, 용성은 대중들을 우물가로만 인도하였다. 물은 대중들 스스로, 자기의 방편을 활용하여 각자가 해결해야 할 몫이었다.

그 해 9월, 그는 전북 무주군 덕유산 호국사(護國寺)로 가서 또다시 선회를 개설하였다. 호국사는 사고(史庫)와 인연이 있는 사찰이었지만 예로부터 수선 납자들이 즐겨 찾는 사찰이었다. 이런 인연 있는 곳에 다다른 용성은 선회를 개최하였다. 이제 그가 가는 곳이면 선회가 열리고, 선풍이 휘날리고, 검과 봉이 맞부딪치며, 주장자가 오르내리곤 하였다. 그 이듬해인 1907년 3월, 용성은 서울의 구기동으로 올라와 새로 선원을 짓고는 이름을 법천암(法

泉庵)이라 하였다. 불법이 용솟음치라는 뜻으로 지었음직하다.

용성, 그는 선회 개설과 선풍 진작의 대명사로 불릴 정도로 용성이 가는 곳이면 어김없이 곧 선의 회오리가 몰아쳤다. 그 회오리는 그 장소에만 머무르는 것이 아니라 서서히 주변 지역으로 뻗어 나갔고 나아가서는 한반도를 내달리는 소리없는 바람이 되었으리라.

중국까지 다다른 선풍

1907년, 용성의 나이 이제 44세였다. 용성은 어느덧 선풍을 마음껏 내뿜고, 그 선풍으로 후학 대중들을 지도할 수 있는 위치가 되었다. 거칠 것 없는 선의 검객(劍客)이 되었다. 이제는 그 검을 파사현정(破邪顯正)을 위해 써야 할 시기만 기다렸을 것이다.

그런데 그 당시 시대적인 환경은 국운이 날로 기울어지면서 한국을 침략한 서구열강 중 최후의 승리자가 되려는 일제의 간교한 책동이 날로 기승을 부리던 때였다. 국가의 외교권은 강탈당했으며, 경제권마저도 곧 빼앗길 지경이었다. 아니 금광이니, 은광이니 하는 중요한 광산물의 채광권과 산과 들에서 나는 농수산물의 권한도 서서히 서구열강 및 일본에 넘어가고 있었다. 이제 최후의 보루인 주권만 남게 되어 그야말로 국가의 운명은 풍전등화(風前燈火)의 상황이었다.

그렇다, 당시는 민중이 기대어 서 있는 산하의 대지만이 아직도 우리의 손안에 있을 뿐이었으며 그마저도 곧 사라질 지경이었다. 그리고 최후로는 나라 이름만이 외로이 거센 폭풍 속의 호롱불처럼 깜빡깜빡 가냘프게 생명을 유지하고 있을 뿐이었다.

이러한 지경에서 과연 용성은 무슨 생각을 하였을 것인가. 우리 민족정신의 큰 지주였던 불교의 체통마저 저버린 채 일본불교에 기대려는 행태가 속출하던 그 때에……. 1907년 9월, 용성은 그의 발길을 중국 북경으로 옮겨 놓고 있었다. 급변하는 국제정세를 확인하러 갔을까, 아니면 불교의 전래지인 중국에 가서 우리 불교의 전통을 찾아보려는 의도가 있었을까.

당시 북경은 아직까지는 큰 사찰들의 위용이 남아 있었다. 용성이 북경의 관음사(觀音寺)로 가니, 그곳의 승려가 응대를 요청하였다. 중국 승려가 물었다.

"무엇이 안심입명처(安心立命處)인가?"

용성은 조금도 틈을 주지 않고 즉각 응대하였다.

"관음원에 좋은 쌀밥이니라."

그러자 그 중국 승려는 "나는 음식을 물은 것이 아니오"라고 말하면서 재차 안심입명처에 대한 응대를 요구하니 용성은 바로 답하였다.

"좋은 채소이니라."

바로 이것이었다. 선의 검(劍)은 때와 장소를 가리지 않는 것이다. 한국이건 중국이건 휘두르는 곳이면 어디든 나타나는 것이다.

이렇듯이 용성의 선풍을 보려고, 선의 칼을 만나려고, 아니 선검의 날카로운 빛과 대결하려고 수많은 중국측 승려들이 달려왔다. 달려와서는 여지없이 그 칼에 베이었다. 그리고 피를 보았다. 그러나 그 피는 용성의 선에서 뿜어 나오는 광채로 인하여 즉시 바람으로 변하였다. 그리하여 불법의 자비로움으로 승화하였다. 결국 그들은 그 자비를 품에 안고서 오던 길을 되돌아갔다.

하루는 소주(蘇州)에서 용성을 만나러 한 승려가 왔다. 용성은 그와 함께 주거니 받거니 법거량을 시작하였다. 용성이 그에게 소주라면 남방인데, "그곳의 불법은 어떠한가?"라고 묻자 그 승려가 응대하였다.

강남의 3월의 안을 늘 기억하네,
자고새와 고니가 우짖는 그곳에 온갖 꽃의 향기가 있는.

이번에는 그 소주 승려가 용성에게 "동국 조선의 불법은 어떠한가?"라고 반문하였다. 용성은 다음과 같이 응대하였다.

불법이 매우 크나 다만 이가 아플 뿐이오.

그러자 중국의 소주 승려는 자못 의분심으로 용성에게 "이가 아픈 것입니까, 마음이 아픈 것입니까?"라고 물었다. 이 질문은 분별심(分別心)을 일으키지 말고 이르라는 요청이었다. 이에 용성은 분연히 즉시 할(喝)을 하였다. 이 할은 사량망상(思量妄想)의 토를 달지 말라는 강한 목소리였다.

누구라도 할(喝)은 할 수 있다. 그러나 할은 아무 때나 하는 것은 아니다. 해와 달의 같음과 다름을 체득하여 이르기는 쉽지 않다. 중국 승려도 불법을 배울 수 있으며,

이야기할 수 있다. 그러나 해와 달을 보라고 하여 누구나 그 해와 달을 바로 볼 수 있는 것은 아니다. 불법을 이야기한다 하여도 모든 이가 말하는 불법은 같을 수가 없다. 해와 달의 본질을 완전하게 체득하여야 그 가리키는 손길만 보아도 해와 달을 알 수 있는 것이지, 그렇지 않으면 한갓 손가락만 볼 뿐이다.

용성은 분별하였다. 아니, 행할 줄을 분명히 알았다. 그러하기에 할(喝)을 한 것이다. 소주 승려는 질문과 응답이 좋았다고 거들었다. 이때다, 바로 이때였다. 용성은 최종적으로 정리를 하였다. 흥내내고 너스레 떠는 그 응대 자체도 인정하지 않겠다는 용맹으로 한국불교의 선기(禪機)를 뿜으며, 선검(禪劍)을 휘둘렀다. 용성은 좌구(坐具)를 들어 그 승려를 후려쳤다. 중국불교의 삿된 흥내를 단칼에 베어 버렸다.

그 이듬해인 1908년 2월, 용성은 그의 거처를 통주(通州) 화엄사로 옮겼다. 화엄사에 도착하니 어떤 승려가 다가와서는, 어느 절에서 수계(受戒)했는지를 물었다. 이것은 예의가 아니었으나, 용성은 자못 침착하게 응대하였다. 우리나라 통도사의 금강계단(金剛戒壇)에서 수계하였다고. 그러자 그 승려는 중국의 깨끗한 계〔淨戒〕가 언제 그대의 나라에 들어갔는가를 물어 보는 것이 아닌가? 그러면서 그가 들은 바에 의하면 조선의 승려들은 다만 사미계만 받고 승려가 되었을 뿐, 승려로서의 정식 수계인

대계(大戒)를 받았다는 소리는 못 들었다고 하였다. 이에
대해 용성은 크게 웃으며 답하였다.

공중의 해[日]와 달[月]이 그대 나라의 해와 달인가?
무릇 불법(佛法)은 천하의 공도(公道)이니라.
천하의 공도가 어찌 중국에만 국한될 것인가?
나라는 대국(大國)인데 사람은 소인(小人)이로구나.
그러나 중(中)이라는 것도 정한 바가 없는데
그대의 나라 남쪽에서 보면 북쪽이 있고
북쪽에서 보면 남쪽이라.
동서(東西)도 역시 같은 이치이니
중이 무엇을 근거로 하여 고정되어 서 있겠소.
만약 사람을 가벼이 여기면 한량없고 끝없는 죄를 받을
것이요,
아시겠는가?

용성은 이와 같이 답하여, 조선의 넓은 기개와 도량을
펼쳐 보였다. 그리고 다음과 같은 송(頌)으로 조선불교의
당당함을 노래하였다.

태양이 동쪽바다 해돋을 곳의 나무를 비추니　　日照扶桑國
강남의 바다와 산이 붉네.　　江南海岳紅
같으냐 다르냐를 묻지 말고　　莫問同與別
영묘한 빛은 지금이나 옛날이나 통하는 것이네.　　靈光今古通

용성은 조선불교의 정당성과 의연함을 노래하고, 강한 자부심을 가지고 조선불교의 계율에 대한 타당성을 그 중국 승려에게 다음과 같이 일러주었다.

조선의 계법은 스승에서 스승으로 전해져 오고 있다. 그런데 지금부터 약 백 년 전에 금담(錦潭)·대은(大隱) 두 장로가 동국 제일선원에서 7일간을 맹세하였더니 마침내 한 줄기 상서로운 빛이 대은 장로의 정수리 위에 쏟아졌다 한다. 이런 연유(瑞相受戒)로 크고 작은 계단(戒壇)을 개설하였으니, 이는 마치 중국의 고심(古心)율사의 예와 같은 것이오.

한편 용성의 문도인 대각사의 조실 겸 주지인 도문은 중국을 방문했을 당시의 용성의 행적을 다음과 같이 별도로 개진하고 있다. 그는 용성이 중국의 5대 명산과 중국 선사들의 인연이 있는 곳, 즉 달마의 소림사, 홍인의 황매산, 혜능의 남하사, 임제의 임제원, 고구려불교 초전 법륜성지, 공자묘, 비간묘 등지를 탐방하였다는 것이다. 그리고 당시 용성은 백(白)·진(陳)·조(趙)·선우(鮮于)씨 등을 황제헌원공손(皇帝軒轅公孫) 씨의 후예로 보고, 그 자신이 백씨의 자격으로 그들 종친회 대표 등과도 교류하였다고 한다. 그리하여 중국·한국·일본은 한뿌리임을 역설하여 동양 삼국이 삼위일체가 되고 석가·노자·공자의 교훈을 전세계, 전 인류의 마음의 양식으로 삼아야

한다고 주장하였다 한다. 이러한 용성의 행적에 대한 도
문의 주장은 『대각』 200호(대각사, 1998. 3)에서 찾아볼 수
있다. 그런데 이 같은 주장은 직접적인 문헌 기록에 따른
것은 아니고 구전에 의존한 것이다. 앞으로 여기에 대한
기록이 공개되고 발굴되길 간절히 바랄 뿐이다.

　용성의 선풍은 마침내 중국에 이르러서도 의연함을 잃
지 않고, 오히려 더욱 굳세었다. 뿐만 아니라 조선불교의
자존심과 진리에 대한 보편적인 확신을 가지고 중국불교
에 정면으로 대응한 것이다. 그러한 자부심과 정통성을
중국에 가서 확인받고 돌아온 용성의 할 일은 이제 분명

중국에서의 용성의 행적을 추적하고 있는 용성의 문도들.

해지지 않았을까? 그것은 바로 확고한 신념을 가지고 보다 대중적인 선의 포교에 매진하는 것이다.

교화를 거듭하며

1908년 2월 그믐날, 용성은 중국에서 돌아왔다. 그런데 귀국 직후 그가 어디에 머물렀는지는 알 수 없다. 중국에 가기 전에 머물던 망월사에 있었는지, 아니면 서울 인근인지 혹은 서울 시내의 신도 집이었는지. 용성의 어록에는 '경성'으로 돌아왔다는 표현이 보이지만, 아마 이곳 저곳을 옮겨 가며 대중교화 활동을 벌였을 것으로 보인다.

서울에 머무르면서도 그는 거사와 신도들에게 깨달음을 일러주고, 잘못을 지적해 주었다. 하루는 어떤 거사가 찾아와 용성에게 '진경(塵境)이 모두 고요할 때 어떠한가'를 질문하였다. 이에 용성은 진경에 대하여 자세히 설명한 후 다음과 같은 말로써 깨달음의 정곡을 일러주었다.

옛날 사람들은 우직한 사람의 머리〔石人〕를 몽둥이〔棒〕로 때리면서
실제 일〔實事〕을 공개적으로 논하였는데
요즈음 사람들은 몽둥이를 내리치는 본뜻도 알지 못하고
병의 가려움을 아는 자로써 마음을 삼으니, 참으로 슬프도다.

실질적인 일을 과감히 깨우쳐 주기 위해 봉을 사용한 깊은 뜻을 알지 못하고, 지엽적인 아픔으로써 깨달음의 요체로 삼으니 매우 슬프다는 것이다. 즉 깨달음의 흉내만 내는 풍토를 경계한 것이다.

나아가서 용성은 그 거사에게 다음과 같이 마음 쓰는 법을 일러주면서 불법의 생활화를 강조하였다. 이는 점차 용성의 사상의 토대가 마련되어 갔음을 의미하는 것이다.

마음을 잘 움직이는 것은 쉽지만
바른 깨달음을 얻기는 어렵고
바른 깨달음을 얻기도 어려우나 견해를 부수고 벗어나기도 어렵고
견해를 부수고 벗어남은 쉽지만 치닫지 않기는 어려워라.

불교사상의 요체인 마음을 다스리는 요령을 일러준 것이다. 그러나 마음의 씀씀이와 용도는 자유자재로 통제될 수 있는 것이 아님을 경계하면서, 다음과 같이 그 근본을 제시하였다.

혹은 마음을 밝게 열어 업을 쉬고 정신을 배양하는 자가 있으며
혹은 손에 쥐기는 하였으나 아직 친히 증득(證得)하지 못한 자가 있으며
혹은 분심(忿心)을 내어 묘한 깨달음을 구하는 자가 있고

혹은 점차 자신을 성찰하고 개발하여 옛 사람의 공안을 연구하고 궁리하는 자도 있으며

혹은 번거로움을 싫어하고 고요함을 구하는 자도 있나니 이러한 모든 것은 평상시에 점검해야 할 뿐이로다.

깨달음을 얻기 위해 마음을 다스리는 방법에는 여러 가지가 있지만, 그 근본은 평소에 점검하는 것이 제일임을 강조한 것이다. 즉 불교의 생활화만이 재가자가 깨달음에 이를 수 있는 첩경임을 일러주었다.

또 하루는 신도가 찾아와, 다라니 주문을 통한 수도생활을 자랑하거늘, 용성은 다음과 같이 답하였다.

주문이라는 것은 본디 중생과 여러 부처가 지닌 금강심인(金剛心印)이요, 본 마음이며 본 성품이니라.

아(我)도 없고 소(所)도 없으며, 모양도 없고 본질도 없으며, 부처도 없고 중생도 없나니.

그래서 조주(趙州)선사가 이르기를 "나는 부처라는 한 글자를 듣기를 좋아하지 않는다"고 하였던 것이다.

교만심에 가득 차 있던 그 신도는 그제서야 깨닫고 문득 용성에게 절을 하고 물러났다. 마음이 근본이므로 그 근본을 깨닫지 않는 삿된 수행을 바르게 잡아 준 일화이다.

서울에서 1년여 동안 거사 및 신도들을 지도하였던 용

용성이 대중과 신도를
망라한 신앙 공동체인
미타회를 결성한
원당암.

성은 1909년 3월, 해인사로 내려갔다. 그는 해인사의 원
당암에 머물며 미타회(彌陀會)를 창립했는데, 이 회는 참
선수행과 정토에 태어나려는 선정일치(禪淨一致)의 실천
을 행하는 모임이었다. 선과 정을 동시에 실천하려는 이
모임은 용성이 염불선(念佛禪)에 대한 모색을 했다는 점
에서 매우 특이하다.

추측건대 이 모임은 일반 승려와 재가 신도들을 신앙
공동체 대상으로 설정한 것으로 보여진다. 용성이 이처럼
해인사에 돌아오자마자 미타회를 창립한 것은, 서울에서
거사 및 신도들을 교화하면서 얻은 경험에서 비롯된 것
으로 보인다. 한편 용성이 아미타 염불을 통한 수행 조직
체를 결성한 것은 당시 중생들의 근기에 맞는 방편을 고

려했기 때문일 것이다. 풍전등화 같은 난세에서 생활하고 있는 중생들의 처지를 생각할 때, 우선 그들이 불법에 쉽게 접근할 수 있도록 하는 것이 무엇보다 중요한 문제였으리라. 그런 연후에 마음을 닦는 참선수행도 가능한 것이 아닐까?

용성이 이처럼 승려 및 신도들을 동시에 교화 대상으로 삼았다는 것은 매우 중요한 의미를 갖는다. 이제 그가 본격적으로 교화 대상에 재가의 일반 신도들까지 포함했다는 것은 추후 그의 행로에 대해 큰 암시를 주는 것이기도 하다.

해인사에 머물던 용성은 수차 법상에 올라, 수행중인 납자들을 가르치고, 일깨우고, 경책하고, 추스르는 일을 마다하지 않았다. 용성은 정열적으로 대중의 수행을 지도하였다. 성주(性周) 비구니의 청에 의해 약수암(藥水庵)에 올라 법문을 내리기도 했으며, 회현·남전 수좌들의 선문답에 자애롭게 그리고 처절하게 선의 정수를 전해 주면서 선지식의 역할을 다하였다.

어느 날 용성은 해인사 대적광전(大寂光殿)에서 열린 법회에 참석하여 다음과 같이 말하였다.

산승은 근기도 둔하고 아는 것 또한 별로 없는데다 요즈음 일이 많아 불법에 정황이 없었는데, 나에게 무슨 법을 말하라 하는가?

나는 눈이 있으나 소경과 같고, 귀가 있으나 귀머거리와 같으며, 코가 있으나 냄새를 맡지 못하고, 입이 있으나 벙어리와 같으며, 몸이 있으나 고목과 같고, 뜻이 있으나 식은 재와 같은데 나보고 어떤 법을 말하라 하는가?

설사 내가 벙어리도 소경도 귀머거리도 아니고 코맹맹이도 아니며 몸이 고목이 아니요, 뜻이 식은 재가 아니라 한들 나에게 어떠한 법을 말하라 하는가? 한 마디씩 일러 보아라.

그러나 대중들은 감히 응대할 수 없었다. 그러자 용성은 후속 설법으로써 대중들의 궁금증을 풀어 주었다.

사람마다 제각기 벽처럼 천길을 서 있는지라
이 속에 이르러서 무엇을 찾으려 합니까?
선비는 시서(詩書)를 읽으며 예의를 배우고
농부는 해가 뜨면 들녘에 나가 일을 하고 해가 지면 집에 돌아와 쉬며
우물을 파서 물을 마시고 논밭을 갈아 밥을 먹으며
장인은 자기 손을 놀려 천 가지 만 가지 기이한 물건을 공교롭게 만들고
장사하는 사람은 행상할 형편이면 행상하고 앉아서 사고 파나니
나보고 어떠한 법을 말하라 하는가?

그리고 나서 용성은 대중들에게, "알겠소이까? 붉은 분

가루를 바르지 않아도 또한 풍류가 넘칩니다"라고 추가 법문을 하였다.

이것이 무슨 말인가? 스스로 참구하지 않고, 용성을 법상에 올려 이야기만 하라는 대중들의 태도를 경책하려던 것이 아닐까? 사람마다 스스로 깨달음을 얻기 위해 노력하지 않고 용성에게 의지해 도를 얻으려는 안이함을 일깨워 준 것이라 하겠다. 그래서 분가루를 굳이 바르지 않아도 풍류가 넘친다고 한 것이다. 여기서 풍류가 넘친다고 한 것은 어떤 의도에서 한 말일까? 풍류라 함은 자연의 경지, 아니 세상만사가 저마다 갖고 있는 나름의 법칙을 일러주는 것은 아닌지, 그래서 고의적인 분가루를 바르지 않아도 된다는 전제를 했다고 볼 수는 없을까?

그러하기에 용성은 다음과 같은 송(頌)으로써 노래하였다.

빼어난 가야산이여	伽山巍巍兮
흰구름이 두둥실	白雲片片兮
밀보리 겹겹이 익어감이여	麥穗重重兮
꾀꼬리가 꾀꼴꾀꼴	鶯歌滑滑
나무 푸르고 바람 맑음이여	綠樹風靑兮
방초 언덕에 향기 풋풋	芳草烟生

용성은 자신의 심정을 가야산의 흘러가는 흰구름으로 표현하였다. 또 밀보리, 꾀꼬리, 푸르른 나무, 푸르른 풀 등이 제각기 고유한 자생력으로 꿋꿋이 살아가고 있는 자연의 섭리를 노래함으로써 용성 자신이 지향하는 수행 자세를 말하였다. 그러므로 용성은 대중들에게도 분을 바르는 듯한 억지 춘향의 설법을 하지 않고 자연의 섭리에 의한 수행을 강조한 것이다.

그런데 그 해 어느 날 용성은 꿈속에서 다시 부처를 만났다. 다시 만났다 함은 그가 출가의 인연을 만들 때에도 부처가 꿈에 나타나 부촉을 한 적이 있었기 때문이다. 꿈속에서 부처는 용성에게 "어찌하여 너는 전날의 정녕한 부촉을 잊었는가?"라고 하였다. 꿈에서 깨어난 용성은 이를 곰곰이 생각해 보고 그 부촉의 뜻은 곧 역경(譯經)임을 깨달았다.

당시 용성은 지리산의 동국제일선원(東國第一禪院)으로 불리던 칠불(七佛)선원의 종주(宗主)로 있었다. 이때부터

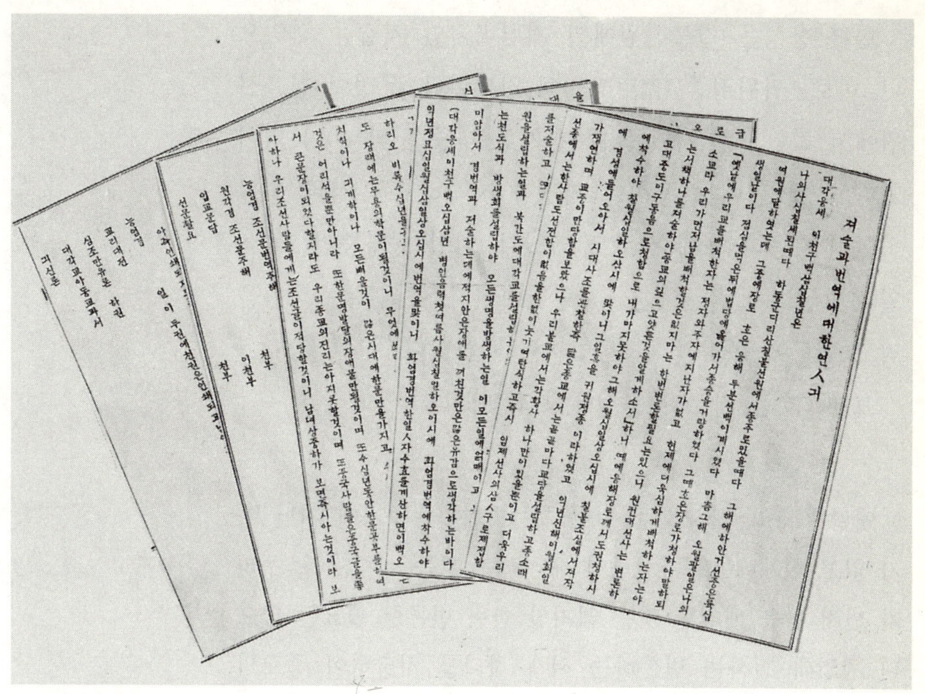

용성이 저술과 번역을 하게 된 전후 사정과 결심을 밝힌 글. 「저술과 번역에 대한 연기」(『조선글 화엄경』 12권).

용성은 역경을 하기 위한 준비를 시작하였다. 한편 그 선원에 머무르던 호은(虎隱)과 응해(應海) 장로도 용성에게 적극적으로 역경 일을 권하였다. 용성 역시 평소부터 마음에 두고 있었던 일이기에 사양하지 않고 역경 일에 착수하였다. 이러한 인연으로 용성은 한국불교사에서 최초로 역경을 한, 그리고 가장 충실하게 해낸 인물로 등장하였다. 그러하기에 그 인연은 1919년 3·1운동으로 옥고를 치르고 나온 후에 정열적으로 역경사업과 저술활동을 전개한 밑거름이 된 것이다.

한편 용성은 칠불선원에서 기념비적인 저술을 하였으니, 바로 『귀원정종』(歸源正宗)의 집필이다. 용성이 칠불선원에서 하안거를 지냈을 때 참가한 대중은 약 60여 명이었다. 그들 중에는 용성이 역경을 시작하도록 적극 응원하였던 호은과 응해 장로도 있었다. 하안거 도중인 5월 8일(음력), 그 날은 용성의 생일날이었다. 승려들은 점심을 먹고 법당에 올라가 한껏 법거량을 하였다.

그 때 호은 장로가 용성에게 말하였다.

옛날에 우리 불교를 배척한 자는 정자와 주자에 지난 자가 없고 현재에 더욱 심하게 배척하는 자는 예수교라, 우리가 먼저 남을 배척할 것은 없지만 한번 변론할 필요는 있으니 원컨대 선사는 변론하는 서책 하나를 저술하여 종교의 깊고 얕은 것을 알게 하소서.

그러자 응해 장로도 적극 권장하고, 일반 대중도 그 사정을 듣고서 이구동성으로 찬동하고 나섰다.

분위기가 이렇게 돌아가자 용성도 호은 장로의 간청에 동의하였다. 1910년 5월 10일(음력) 오전 10시, 용성은 불교를 변론하는 저술작업에 착수하여 7월 10일 오후 3시에 저술을 마쳤으니, 그 책이 바로 『귀원정종』이다. 이 책은 현전하는 용성의 저술 중에서 집필 시기가 가장 빠르다. 그리고 집필 목적에서도 분명히 드러나고 있지만 불교와 여타 종교와의 차별성을 밝히면서도 불교의 우수성을 강조한 데에 의의가 있다. 이것은 책의 머리말인 서언장(緖言章)에서도 간략히 나와 있다.

내가 이 책을 저술한 것은 중생을 제도하기 위한 것이요, 우리들의 것만을 위하여 그러한 것은 아니니라. 여러분은 유교(儒敎)와 서교(西敎)의 경사전적(經史典籍)에 실려 있는 불교를 훼방(毁謗)하는 말을 능히 제거할 수 있습니까? 만일 그러하다면 나도 또한 쓰기를 쉬겠소이다.

예로부터 오늘에 이르기까지 우리 불가에서 한 번도 먼저 다른 종교를 배척한 적이 없고 다만 상대방의 비방함을 따라 변명만 하였을 따름입니다.

대개 종교는 다만 사람만 건질 뿐이지 능히 영겁(永劫)의 윤회를 면하지 못합니다. 그러나 부처의 자비는 깊고 넓어서 인간과 천상인 욕계, 색계, 무색계의 태란습화(胎卵濕化) 등 12류 중생을 건지나니 그를 절대적인 참 자비라 하지 않겠습니까? 이것이 이『귀원정종』을 저술한 근본 까닭입니다.

그 당시 불교계는 불교의 전통을 수립하는 데 어려운 문제가 많았던 반면에 기독교 및 가톨릭교의 세력들은 서구열강의 막강한 후원을 받으면서 교세를 확장시켜 나가고 있었다. 특히 당시 불교계는 불교의 중흥 및 발전을 위해서는 노력했지만 교세 확장이나 사회사업을 내세우는 포교활동에는 거의 무방비한 상태였다. 그래서 심지어

타종교계에서 불교는 시대에 뒤떨어진 종교라며 비방하
는데도 반박할 여력이 없었다. 그리고 지방에서는 토호세
력과 제국주의를 앞세운 반불교 분자들이 불교의 재산
등을 침탈하는 사태도 왕왕 일어나고 있었다. 그러므로
이러한 시대적인 배경을 고려한다면『귀원정종』은 집필
의의와 함께 그 서술 내용도 매우 중요한 가치를 갖는다
고 하겠다.

　이렇듯이 용성은 깨달음 이후 보림수행을 하면서 각처
의 수행 납자들을 지도하고, 때로는 선회를 개설하여 선
풍을 확대시키고 있었다. 그리고 교화의 대상에 승려 대
중과 함께 일반 신도들도 포함시키는 등 인식의 폭이 확
대되고 있었다. 또한『귀원정종』을 저술하여 불교의 자존
심, 아니 진리의 확신을 이룬 것도 불교사상사에서는 중
요한 대목이라고 말할 수 있을 것이다.

　이제 용성은 더 큰 무대로 나가야 했다. 지리산중에만
머무를 수는 없었다. 시대가 급변하고 있었으며, 불교의
존립에 위기가 다가오고 있었다. 한국불교를 일본불교에
팔아 버리는 망동이 함부로 자행되었으며, 자기 자신의
안일과 자기가 거주하는 사찰을 보호하려는 목적으로 한
국을 강탈하고 있는 외세에 기생하는 부류가 속속 등장
하는 현실에서 마냥 한가롭게 서 있을 수만은 없었다.

　용성은 단연코 그 아수라장의 중심에 진입하여야 했다.
어찌 보면 그 아수라장의 마구니들이 용성을 불러들였을

지도 모른다. 이제 용성은 그 마구니와 무법천지와 정면 대결을 해야 한다. 그 싸움을 이겨 한국불교의 명예와 자존심을 회복시켜야 한다. 그리하여 용성은 승려로서의 용성에 머무를 수 없었고, 머물러서도 안 되었다.

이제 한국불교, 민족불교, 민족정신이 부르는 무대로 나가기 위한 모든 채비는 끝났다. 마침내 용성은 그 무대로 나갔다. 30여 년 간 갈고 닦은 선의 칼과 봉을 지니고, 또 빛나는 주장자를 들고서.

민족불교 수호의 일선에서

1911년 2월(음력), 용성의 나이 48세, 그는 무법과 아수라장의 무대로 나갔다. 그 무대는 한국의 수도였으며, 한국을 강탈한 일제의 식민통치 본부인 조선총독부가 있던 서울이었다. 홀홀단신 부처의 정법을 가슴에 품은 그의 주위에는 보이지 않는 선풍이 매서운 기개로 후원하고 있었으리라. 그러나 용성의 서울행은 단지 무법과 마구니와의 싸움에 머무르지만은 않았다. 그것은 보살행의 실천을 위한 것이기도 했다. 대승정신, 대보살정신을 실천하기 위해 대중들이 많이 모여 사는 그곳에서 불교의 정수를 보여주고, 진리의 세계로 이끌어 주고, 참회를 시켜 더불어 정토의 세계를 만들기 위함이었을 것이다.

용성이 맨 처음 서울에 와서 머무른 곳은 현재 강남 서

초동 우면산(牛眠山)에 있는 대성초당이었다. 그가 이곳으로 오게 된 것은 고려 태조 왕건의 후예인 개성왕씨와의 인연 때문이라고 한다. 용성은 왕씨와 서울에 오기 이전부터 인연이 있었는데, 우면산의 대성초당터 주위는 왕씨들의 집성촌이었다고 한다. 이에 용성은 우면산 중턱에 초당을 짓고 왕씨들을 불법으로 교화시키면서 서울 땅에 발을 들여놓은 것이다. 한편 이곳은 백제불교가 처음으로 들어온 역사적으로 유서가 깊은 곳이기도 하다.

용성이 서울에 와서 보니 기독교 계통의 교당은 크고, 장엄하고, 화려하게 하늘 높이 솟아올라 있었다. 그리고 일요일이면 신도들이 교당에 가득하였다. 하지만 불교는 그야말로 사람의 발길이 끊어진 적막 그 자체였다.

그리하여 용성은 우선 자신부터 포교에 나서기로 작정하고 신도인 강씨 집에 묵으며 신도들에게 불교를 가르쳐 주었다. 그러자 불과 3개월이 안 되어 신도 수가 수백 명에 달하였다고 한다. 그 후 강영균(康永鈞)의 집으로 옮겨서는 신도 수십 명과 함께 참선법규를 세워 불법의 종승을 높였다.

그런데 용성이 서울로 올라온 시점이 1911년 2월이라는 데 의문을 갖지 않을 수 없다. 단지 우연인지, 아니면 당시 불교계 동향과 어떤 관련을 찾을 수 있는 것인지? 당시 불교계에서는 1908년 3월 6일, 13도 사찰 대표 52인이 모여 불교의 통일기관을 세우기 위해 동대문 밖 원흥사(元興寺)에 모였다. 그 모임에서 한국불교의 종단인 원종(圓宗)을 설립하였다. 그러나 당시 대한제국을 준식민지화하고 있던 일제 당국은 이 원종을 인정하지 않았다. 그러자 원종을 주도하고 있던 승려들은 친일파인 권중현·송병준 등을 앞세웠고, 급기야는 한국 침략 책동에 동원되고 있는 일본 승려에게도 협조를 요청하였다. 이렇게 불교계가 종단을 인정받으려고 우왕좌왕하는 사이에 국권은 일제에게 강탈당하여 한국은 일본의 식민지로 전락하였다.

1910년 8월 29일, 결국 우리의 국권이 사라지고 대신 일본의 일장기가 서울 하늘을 휘날리는 경술국치(庚戌國恥)를 당하게 되었다. 그러나 일부 몰지각한 불교계 지도자는 망국을 이용하여 원종이라는 종단을 승인받는 데에만 열중하였다. 나라의 주권이 강탈당하자마자 원종의 종무원장이었던 이회광(李晦光)은 원종의 인가를 위해 그 해 9월 일본으로 건너갔다. 물론 그는 불교계 대표 52인의 동의를 받아 갔다. 그러나 그 동의는 한국의 불교 발전을 위한 일본불교와의 협약에 관한 것이었다.

하지만 일본에 간 이회광은 일본불교의 일개 종파인 조동종(曹洞宗)과 이른바 조동종맹약을 맺고 그 해 10월 11일 귀국하였다. 그 맹약의 내용은, 요약하건대 한국불교를 일본 조동종에 팔아 버린 것으로서 한국불교로서는 굴욕적인 조약이었다. 이회광은 귀국 초에는 조약의 내용을 숨겼지만, 그 해 12월경에 이르러서는 그 전후 사정과 내용이 결국 전 불교계에 알려지고 말았다.

그러자 당시 불교계, 특히 지리산 일대의 사찰들이 일대 궐기를 하는 등 남쪽지역의 사찰에서는 조약을 반대하는 분위기가 뜨겁게 달아올랐다. 궐기대회는 광주의 증심사(證心寺)에서 개최하기로 했으나 호응이 미약해 1912년 1월 15일(음력) 송광사에서 규탄 총회가 열렸다. 당시 모인 승려는 주로 지리산 및 전라도 일대의 승려들이었다. 그 대회에서 한국불교의 정통성은 임제종(臨濟宗)에 있음을 확인하게 되고 새로운 결집체로서 임제종을 내세우게 된다. 이에 임제종 임시 종무원을 설치하고, 종무원장을 선출하였으며, 임제종포교당을 광주에 설치할 것 등을 결의하였다.

당시 원장으로 선출된 선암사의 김경운(金擎雲)은 연로하다는 이유로 실무를 보지 않아 그 대리로 한용운(韓龍雲)을 내세웠다. 그 후 임제종운동은 증심사·쌍계사 등지의 회의를 거쳐 종무원을 범어사로 이전시키면서 점차 그 범위를 확대시켜 나갔다. 그리고 임제종의 3본산을 통도사·해인사·범어사로 정하였으며, 독자적인 사법(寺法)과 승규(僧規)를 마련할 준비를 하는 등 운동의 이론적인 기초를 수립하기 위해 부단히 노력하였다.

이러한 움직임은 대략 1910년 12월부터 1911년 5월경까지 진행되었다. 이는 바로 용성이 서울로 올라온 시기와 일치한다. 그렇다면 용성은 불교계의 이러한 움직임을 전혀 몰랐을까? 그렇지는 않았을 것이다. 지리산 일대와 전라도의 사찰에서 수많은 승려들이 일대 궐기를 하였으니, 용성도 그러한 움직임을 분명히 알았을 것이다. 그가 출가하고, 선 수행을 하였고, 수행하는 납자들을 지도했던 곳이 바로 그곳이었는데 어찌 모를 수가 있었겠는가? 그러므로 용성의 상경은 바로 이러한 임제종운동에 큰 영향을 받았으리라. 불교계의 내분이 심화되고 불교의 정통성이 몰락해 가는 가운데 용성은 무슨 생각을 하였을까? 아마도 이를 불교계의 큰 위기로 여기고, 그 위기의 중심에 서서 위기의 본질을 확인하려는 의도가 있지 않았을까?

용성의 상경과 관련해 주목할 점은 임제종운동의 중앙 진출과 관련된 조선임제종포교당 건립문제이다. 임제종운동의 대중화에 크게 기여한 포교당은 서울의 사간동에 있었는데 1912년 3월경부터 공사가 시작되었다. 포교당의 건립비용은 범어사, 통도사, 백양사, 화엄사, 천은사, 구암사 등의 사찰에서 공동으로 마련하였다.

따라서 포교당 건립을 결정함과 동시에 그 포교당의 책임자를 사전에 결정했을 것으로 보인다. 그 책임자는 바로 백용성이 아니었을까? 해인사에서 출가했으며, 지리산 칠불암 등지에서 주석하며 선풍을 떨치던 용성은 임제종운동의 주도자들에게 그 명성이 널리 알려졌을 것이다. 더욱이 용성은 1911년 2월 이래 서울에 머무르며 선포교에 앞장 서 신도 확대와 참선법규를 실시하는 등 이미 도회지 포교에 크게 기여한 것도 유의해야 할 대목이다.

1912년 5월 26일에 열린 포교당 개교식은 수천의 군중이 참여한 가운데 개최되었다. 이는 당시 『매일신보』에서도 '공전절후'(空前絶後)의 성황을 이루었다고 보도된 적이 있다. 당시 그 개교식에서 만해 한용운은 취지를 설명하였으며, 백용성은 개교사장(開敎師長)의 자격으로 교리를 설명하였다. 개교사장은 포교당의 핵심적인 인사로서, 이른바 포교당의 상징적인 인물이었다. 용성은 그 역할을 약 3년 정도 담당하였다. 이처럼 그는 한국불교의 정통성을 수호하는 임제종운동의 최일선에 서 있었던 것이다.

임제종운동은 용성의 불교정신과도 바로 부합되는 것이었다. 그는 평소 선사로 자위하며, 특히 그 선맥을 임제종에 두어 설명하고 있었으니, 이는 그가 한국불교의 전통을 임제종에 두어 설명한 것과 같다. 그의 어록에 실려

布敎堂開敎式
▲▲ 중앙포교당의 기교식
▲ 셜비가 굉장호다지오 ▼▼
중부스동(中部寺洞) 등디에, 시로 셜립호 죠션림제죵즁앙포교당(朝鮮臨濟宗中央布敎堂)에셔 눈, 본월하오삼시에 기교식을 셩대히 셜힝훈다 눈 말은 임의 긔지호얏거니와 학셩의 창가와, 한룡운(韓龍雲)화샹의 취지셜명, 박룡셩(白龍城)화샹의 운복(鄭雲復) 리눙화(李能和) 량씨의 찬연, 리빈의 츅스와, 기타 좨반셜비에, 무젼 셩황을 일울더이라더라

1912년 5월 26일에 열린 조선임제종 중앙포교당 개교식에 관한 보도기사. 당시 개교사장이었던 용성은 개교식에서 교리를 설명하였다.

있는 「논교외선종」(論敎外禪宗)이라는 글에서 용성은 스스로 '임제선사의 37대손'이라고 자칭했다는 사실이 전하고 있다. 이는 그가 51세 때인 1914년에 서술한 것이다.

한편 용성이 입적한 후에 한용운이 찬한 행적비의 비문에는, 용성은 조선중기에 선풍을 날리다가 제주도로 귀양 가서 순교한 환성지안(喚惺志安)의 법을 이었다고 새겨져 있다.

용성의 이러한 생각은 그가 경봉에게 보낸 편지(1915. 11. 23)에서도 여실히 나오고 있다. 그 편지의 내용은 다음과 같다.

본납(本衲)은 멀리 환성에게 법을 이었으니 환성은 나의 스승이라 더 기록할 필요가 없습니다.

용성이 이처럼 그의 법과 사상을 조선중기의 고승 환성지안에서 유래하고 있다고 강조하고, 스스로 임제의 37대손이라 했음은 곧 그가 임제종에 대해 얼마나 애착이 강했는지를 말해 준다.

당시 용성은 포교당 개교식의 상당법문에서 그 때의 정황을 다음과 같이 은유적으로 표현하였다.

알겠는가?
천하가 태평하고 대왕은 장수(長壽)하며 인민은 안락하나니 대중들은 어떠하오?

　태평은 전쟁을 원치 않는데 장군은 태평성대가 도래함을 허락하지 않느니라.

　그리고 그는 법문을 행하면서 스스로 자신을 취하고 미친 승려[醉狂僧]라고 부르면서, 당시의 세태를 다음과 같이 갈파하였다.

　전쟁에서는 한 평의 땅을 놓고 서로 다투는데
세 마리 뱀과 아홉 마리의 쥐가
서로 손잡고 평화롭다.

　인간은 한 평의 땅을 놓고 전쟁을 치르고 싸우는데, 뱀과 쥐들은 평화를 구사한다는 말이다. 용성이 서울에 온 목적은 바로 여기에서 나타난다. 평화를 추구하기 위해서, 평화가 필요하다는 것을 알리기 위해서 용성은 서울에 온 것이다. 그러나 용성이 추구한 평화는 이미 어디에도 존재하지 않았으며, 어느 곳에서도 그 기미를 느낄 수 없었다. 그 평화는 국권 강탈자인 일본에게 우리의 국토와 주권을 송두리째 빼앗겨 버리면서 사라져 버렸다. 그러면 용성은 이러한 정황과 사실을 몰랐을까? 모르면서 대중들에게 강조한 것일까? 그리고 대중들도 이 사실을 모른단 말인가? 아니다. 이미 모두들 알고 있다. 용성은 그러한 현실을 불교사상으로, 비유로, 법문으로 일러주고 있었을 뿐이다.

용성은 승려였기에 불교라는 안목으로 현실을 바라보았으며, 불교의 방편으로 그 현실을 바꾸어 보려고 했을 것이다. 그렇다, 그는 승려다. 승려는 불교라는 관점으로 세상을 바라보아야 하며, 불교라는 무기를 갈고 닦아야 한다. 그것은 의무이며, 당연한 본분사이다.

그리하여 용성은 서울에 와서 불교의 현실을 보았다. 그리고 다른 종교의 확장을 여실히 지켜 보았다. 그는 당시 상경하여 느낀 감회를 다음과 같이 피력하였다.

경성에 들어와서 시대 사조를 관찰한즉, 다른 종교에서는 곳곳마다 교당을 설립하고 종소리가 쟁연하며 신도가 가득함을 보았으나 우리 불교에서는 각황사 하나만이 있을 뿐이고 더욱 우리 선종에서는 한 사람도 선전함이 없음을 한없이 느끼어 탄식하고 즉시 임제선사의 삼구로 제접함을 본받아 종지를 거량하였을 따름이었다.

용성은 시대 사조와 다른 종교의 왕성함, 그리고 불교의 처량함을 보고 느꼈다. 그리고 임제종으로 불교의 힘을 기르기로 결심하였다.

용성은 임제종운동이라는 민족불교 수호의 일선에서 웅변하였다. 목소리가 크지는 않았지만 뜨거운 목소리로 말하였다. 불교의 전통을 지키고, 식민지 불교에 대항하고, 그리고 불교의 보살정신도 실천하면서. 이것은 그가 수십 년 동안 기다려온 보살행이었다. 이제 용성은 그 보살행을 실천할 수 있는 무대와 때를 만난 것이다.

도회지로 나온 보살행

용성이 그토록 정열적으로 시작한 임제종운동은 일제의 탄압으로 시작부터 큰 시련을 맞이하였다. 조선임제종 포교당의 주무로서 살림살이를 맡고 있던 한용운은 일제에 의해 곤욕을 치르게 되는데, 일제의 허락 없이 포교당 건립비용을 마련했다는 것을 빌미로 경찰서 및 법원에서 오라 가라 하여 시달림을 받았다.

그리하여 결국 1912년 6월 말 포교당의 간판을 내려야만 되었다. 이는 일본의 교묘한 식민지 불교정책에서 비롯된 것이다. 당시 불교계는 원종이라는 북쪽 계열과 임제종이라는 남쪽 계열의 사찰들이 서로 대립하고 있었다. 이러한 대립은 양측을 북당(北黨)과 남당(南黨)이라고 표현할 정도로 불교계로서는 큰 시련이었다.

당시 일제는 한국불교의 종명을 자의적으로 조선불교 선교양종(朝鮮佛敎禪敎兩宗)으로 지정하고, 불교계의 대립을 초래한 남·북당을 모두 부정하였다. 이러한 조치에 대하여 백용성과 한용운이 주도하였던 임제종측은 마지 못하여 간판을 변경하였지만, 이회광이 주도하였던 원종 계열의 북당측은 일제의 조치를 기꺼이 수용하겠다는 의사 표시를 하였다.

결국 남당측은 임제종포교당의 명칭을 조선선종중앙포교당으로 바꾸었으며, 북당측은 원종을 30본산주지회의 원이라는 명칭으로 변경하였다. 이러한 변화는 기본적으로 일제가 한국불교계를 긴박하고 행정적으로 통제하려는 목적으로 제정한 사찰령(寺刹令) 및 사법(寺法)의 구도에서 나온 것이다.

그러나 용성은 일제가 추진하고 있는 불교정책에 대하여 단호히 반대 입장을 고수했는데, 그것을 단적으로 보여주는 것이 종파(宗派)의식이다. 일제가 사찰령에서 한국불교의 종명을 선교양종으로 내세우자, 한국불교계 본산급의 대다수 주지들은 이를 기꺼이 수용하였다. 그 이유는 일제의 불교정책을 아무 비판 없이 받아들이던 당시의 현실인식에서 비롯되었으며, 또 일제가 강요한 선교양종이 한국불교 전통에서 볼 때 문제점이 있는 것을 알면서도 남당 계열의 임제종측과 논란을 벌일 번잡함을 기피하려는 의도 때문이었다. 당시 범어사 주지인 오성월은 본산 주지회의에서 한국불교의 종명을 임제종으로 하자고 주장했지만, 결과적으로 수용되지는 않았다. 이는 결국 그 당시 본산 주지들이 일제의 눈치를 보는 처지였음을 말해 준다.

　이러한 불교계의 정황에 대하여 용성은 자신의 입장을 다음과 같이 확연하게 정리하였다.

　근세에 무식한 납자들이 그 자가(自家)의 정신을 잃어버리고 망령스럽게 선교양종(禪敎兩宗)이라 하니, 이는 마치 머리가 둘 달린 사람을 일반으로 여기는 것과 같다.

　즉 당시의 정황을 자기 집의 정신마저도 상실한 상황으로 진단한 것이다. 나아가서 조선의 고유한 불교는 오직 선종이며, 그 중에서도 임제종의 법맥임을 천명하였다. 그러나 당시 추세는 용성의 뜻과는 거리가 먼 방향으로 나아가고 있었다.

　용성은 예로부터 조선의 사찰 및 승려들이 아미타불을 염하고, 진언을 송하고, 경전을 보는 등 신앙과 수행 양식은 저마다 달랐지만 조선시대의 보우와 휴정에 이르러서도 모두 임제종 계통이었다고 전제하였다. 그리고 조선의 선종은 어느 절을 막론하고 각각 따로 거주하지 잡거(雜居)는 하지 않았다고 이해하였다. 그런데 일제의 강압과 자주의식이 박약한 승려들의 야합으로 임제파의 명분과 의의를 저버린 것은 언어도단이라고 주장하였다. 이 같은 주장은 임제종 계승의식을 말하는 것으로, 용성은 이러한 계승의식에 대한 심각한 고민 없이 일제의 주장에 편승하는 비자주적인 행태를 비판하고 우려한 것이다. 특히

종교에서 종파 및 계승의식은 매우 중요한 것임은 두말할 나위 없다.

용성은 일제의 외압으로 일시 좌절을 맛보았지만 중간에 포기하지 않고 본연의 발분심을 밀고 나갔다. 용성은 조선선종중앙포교당에서 계속해서 일반 대중을 지도하며 대중들 스스로 깨달을 수 있는 정신을 키워 주었다. 또한 개교사장의 역할을 계속 수행하며 금강반야법회를 개최하는 등 불교의 포교활동에 열중하였다.

천도교 대표로 3·1운동 당시 독립선언서 인쇄 실무를 맡았던 묵암(默菴) 이종일(李鍾一)의 회고에서도 용성이 그 포교당에 있었다는 사실이 확인된다.『묵암비망록』의 1912년 10월 14일자 기록을 보면, 이종일이 민족문화 수호를 위한 범국민운동 추진을 협의하기 위해 '중앙포교당'으로 백용성·한용운 등을 찾아갔다는 내용이 나오고 있다.

한편 그 즈음 용성은 이전 지리산 칠불암에서 저술한 『귀원정종』을 1913년 6월 8일 초간본으로 간행하였다. 이 저술은 발행처가 조선선종중앙포교당으로 되어 있었으므로 포교당의 위상 강화에도 일익을 하였을 것이다. 『조선불교월보』 19호에는 조선선종중앙포교당이 한글로 『여래팔상록』(如來八相錄)을 간행했다고 전하는데, 이 책

『귀원정종』의 초간본 표지. 이 책은 현존하는 용성의 저술 가운데 최초의 것으로서, 용성의 사상 검토에 중요한 역할을 한다.

도 용성이 저술했을 가능성이 매우 높다. 그리고 그 해 10월 24일에는 『불문입교문답』이라는 소책자가 조선선종 중앙포교당의 발행으로 간행되었다. 이 소책자도 역시 백용성이 저술했는데, 불교에 입문하려는 초보의 신도들에게 불교의 개요 및 신앙의 요령을 알려 주는 포교서라 할 수 있다. 이러한 책자를 백용성이 직접 저술했다는 사실은 그가 얼마나 포교활동에 힘쓰고 있었는지를 시사해 준다.

당시 용성은 불교를 포교하면서 일제에 의존적인 행태를 보이던 종단에서 운영하는 각황사에도 나가 포교활동에 일조를 하였다. 그는 각황사의 법당에 올라, 마음을 통해 삼라만상을 직시하는 방편을 제시하였다.

알겠는가? 물(物)에 의거하여 마음을 밝히거나 사(事)에 의탁하여 이(理)를 밝힌다고 말하지 말라. 일체 마음을 놓아 버리고 일체 눈을 닫아 버리면 비로소 자기의 마음으로 더불어 통하며 삼라만상의 본체로 더불어 합할 것이다.

이렇게 용성은 도회지인 서울의 중앙에서 행하는 포교활동의 중심에 서 있었다. 그 결과 서울에서 신도가 3천여 명이나 될 정도로 불교 포교세가 성장하기에 이르렀다. 또한 참선이라는 명칭도 이때부터 쓰기 시작했다고 한다.

당시 그가 고민한 것은 포교의 방법이었다. 그러던 어느 날 그의 뇌리에 스친 것이 있었으니, 물의 근원이 완실(完實)하여야 도도하게 흐르는 긴 강이 만리에 파도 치듯 선종의 포교도 자연스럽게 흘러가야 한다는 것이었다. 그리하여 청정산간에 있는 선종 본사에서는 도인(道人)을 양성하고, 각 도시에는 '선종포교당'을 세워 대중을 모두 이익되게 할 수 있는 방법을 구상하였다.

이러한 그의 구상은 곧 실천에 옮겨졌다. 서울의 봉익동 1번지에 세워졌다는 대각사(大覺寺)가 바로 그것이다. 그런데 이 대각사의 건립 시점과 명칭에 대해서는 약간의 논란이 있다. 용성의 문도측에서는 1911년 용성이 서울에 온 직후 세워졌으며, 그 명칭도 대각사라는 주장을 지금껏 해왔다. 그러나 1935년, 조선총독부의 촉탁이었던 촌산지순(村山智順)이 저술한 『조선의 유사종교』의 대각교 편에는 대각사가 1914년에 세워졌으며, 그 명칭도 선종포교당이라고 적혀 있다. 그리고 용성이 경봉에게 보낸 1912년 8월 12일자의 편지 말미에는 용성의 거주지가 '조선선종중앙포교당'이라고 기재되어 있다. 이는 곧 그 즈음의 용성은 독자적인 사찰 혹은 포교당을 운영하지 않았다는 실례이다. 한편 용성이 3·1운동에 참가한 후 일제에 잡혀가 경성 지방법원에서 심문받을 때 용성의 나이 53세(1916년) 때부터는 봉익동 1번지에 '단독으로' 있었다고 답변한 기록도 있어 여기에 대한 문제는 명쾌한 결론을 내리기가 쉽지 않다.

용성의 포교활동의 근거지였던 조선선종중앙포교당은 1914년경에 이르러서는 더욱 일제의 탄압과 요시찰의 대상이 되었다. 이는 한용운이 그 포교당을 거점으로 조선불교회 및 불교동맹회 등을 결성하며 포교의 혁신을 기했는데, 이러한 움직임을 사전에 파악한 일제의 간섭으로 정상적인 활동 자체가 억압받은 것을 뜻한다.

조선불교회는 본래 일선의 승려들까지 포괄하여 불교의 발전과 포교의 혁신을 기하려는 목적에서 추진되었다. 그러나 그 움직임을 기존 사찰 내의 조직으로 운영하려는 세력과 갈등을 빚어 문제가 야기되기에 이르렀는데, 당초 한용운의 의도는 30본산 주지의 범위 밖에서 활동하는 것이었다. 그래서 한용운은 그와 의견이 다른 승려들을 제외시키고, 불교계의 청년과 학생들을 위주로 불교 발전을 추구하기 위한 새로운 모임을 결성하였다. 이 모임이 바로 불교동맹회였는데, 일제의 탄압으로 진행조차 하지 못했다.

한용운의 이러한 움직임에는 필시 백용성과의 협의 및 지원이 있었을 것으로 보인다. 그것은 두 사람은 조선선종중앙포교당에 거주했으며, 한용운이 운영의 책임을 맡았다면 백용성은 주로 포교 및 설교의 책임자였던 점에서 추론할 수 있다. 그리고 백용성 자신도 포교에 큰 관심을 기울였다는 점에서 더욱 그러하다. 이러한 지경에 이르러 혹시 일제의 압력이 용성에게도 미치지 않았을까? 당시 한용운은 일제의 경찰서에 불려 다니며 갖은 회유와 압력을 받았다.

용성은 바로 이러한 굴욕적인 현실에 처하게 되어 독자적으로 운영하는 포교당을 건립할 필요를 느끼고 봉익동 1번지에 '선종포교당'을 세운 것이 아닐까? 그렇지만 그 공간의 명칭이 대각사였는지, 아니면 선종포교당이었는지는 그리 큰 문제가 아니다. 여기서 중요한 것은 용성이 운영의 독자성을 띤 포교의 거점을 마련했다는 사실이다.

용성이 운영한 포교당(대각사)은 당시 서울의 불교 청년들에게 정신적인 의지처 역할을 했을 것으로 보인다. 이를 보여주는 사례가 혜양(현재 대전 대흥사 주석, 99세)의 독립운동 참여와 출가 인연이다.

혜양은 배재학당에 다니던 중에 대각사의 용성을 만났는데, 당시 그는 용성에게 독립사상과 불교를 배웠다고 회고하였다. 1920년 일본으로 유학을 간 혜양은 용성에게 배운 대각사상을 기반으로 일본에서 독립운동을 시작하였다. 그 후 중국의 항주대학원으로 재차 유학을 갔지만 그곳에서도 독립운동에 매진하여 북만주에서 배달독립협회를 조직하는 등 최일선에서 활동하였다. 그러나 혜양은 독립운동선상에서의 분열과 갈등을 겪으면서 회의를 느끼고 인생의 참뜻을 찾기 위해 큰 결단을 내렸다. 그의 결심에는 당시 만주의 화엄사에 주석하였던 경허의 제자 수월의 은근한 권유도 작용하였다. 그래서 혜양은 몽고의 마루오사 화상의 문하에서 출가 득도했지만, 출가 후에도 독립운동 자금을 지원하는 등 독립운동을 멈추지 않았다. 해방된 직후 고국에 돌아온 혜양은 대전의 대화산에 대흥사를 창건하고 50여 년 간을 두문불출하면서 용성과의 인연과 용성이 그에게 던져 준 화두를 일생의 지침으로 삼아 수행했다고 한다.

한편 용성이 건립한 선종포교당은 이전의 임제종포교당 때와는 달리 범어사·해인사 등의 지원을 받을 수 없는 형편이었을 것이다. 그러므로 용성은 평소에 구상한 대로 포교활동을 펴나가기 위해서는 많은 자금이 필요했을 것이다. 그런데 마침 전에 북청군수를 지냈던 강홍도(康洪道)가 용성의 고민이 불교 발전을 위한 것임을 알고 하나의 제안을 하였으니, 광산의 개발이었다. 그래서 용성은 강홍도가 추천한 북청의 광산 운영에 손을 대었으나 3년 동안 손실만 남고 말았다.

비록 광산 경영에서 손해만 보고 말았으나 한낱 손실에만 머무른 것은 아니었다. 용성 자신이 후일 회고했듯이, 광산 경영의 실패가 훗날 선농불교(禪農佛敎)의 이론 정립과 실천의 계기가 되었으니 용성에게는 값진 경험을 안겨 준 셈이다. 아울러 용성의 포교 활성화 정신이 매우 실천적이었음을 시사해 주기도 한다.

한편 그 즈음의 용성은 불교계 잡지인 『조선불교월보』(朝鮮佛敎月報)에 불교사상의 요체 및 선풍 등을 기고하는 등 지면을 통한 불교교리 보급에 한창 열정을 쏟아붓고 있었다.

제4호 : 낙소만화(落笑謾話)
제8호 : 빈주역연(賓主歷然)
제9호 : 논선가제종이해(論禪家諸宗異解)
제10호 : 낙초지담(落草之談)

이와 같은 글을 게재한 것은 용성이 불교의 사상보급 및 포교활동을 단지 보수적인 행태에만 의존하지는 않았다는 것을 보여준다.

그리고 용성은 잡지나 신문 등에 게재된 불교사상과 관련된 글이 본질적인 측면에서 문제가 있다고 판단한 경우에는 과감히 지적을 하였다. 예컨대 『조선불교월보』 13호에 게재된 박한영의 글 「삼계유심만법유식」(三界唯心萬法唯識)을 읽다가, 그의 논지가 선과 교리의 측면에서 분명하지 못하다는 판단 아래 경봉에게 보낸 편지에서 그의 소감을 피력하였다. 박한영의 글의 요지는, 마음은 뜻[意]의 마음이요 식(識)은 뜻의 식이라고 보면서, 나아가서는 마음과 식을 뜻의 바탕이라고 서술하였다. 이에 대하여 용성은, 삼계유심과 만법유식은 의식의 마음이 아

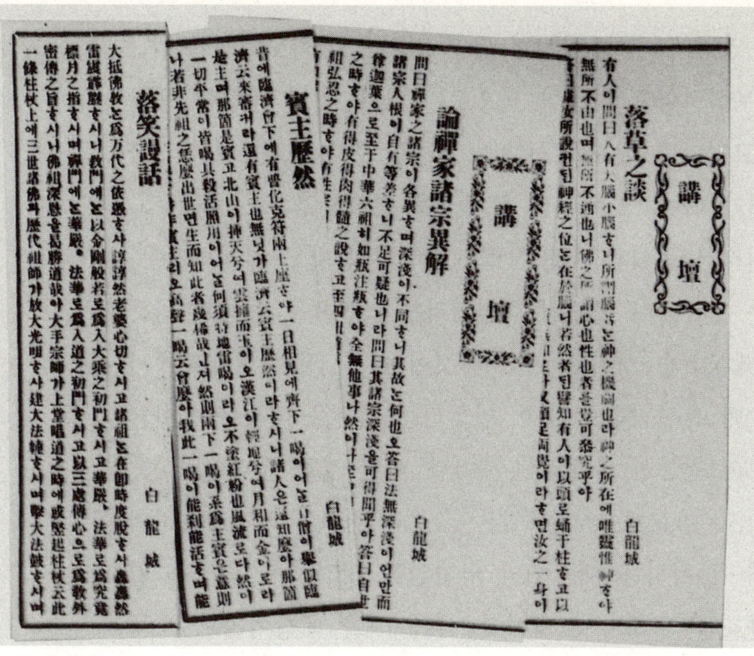

落草之談　白龍城

講壇

論禪家諸宗異解　白龍城

賓主歷然　白龍城

落笑謾話　白龍城

니라고 주장하였다. 그리고 삼계유심의 심은 곧 일진심(一眞心)이지 뜻의 심이 아니며 삼계가 온전히 유심의 대광명체라는 연유로 자신의 지적을 입증하였다.

이러한 용성의 지적은 당시 도를 논하는 부류 중에는 소소영령(昭昭靈靈)한 눈앞에서 보고, 듣고, 느끼는 것으로 도를 삼는 자가 많다는 판단에서 나온 것이다. 용성은 그들을 참으로 불쌍한 자들이라고 하였다. 이들은 삿된 생각(邪見)을 가져 한 생각, 한 찰나도 참구할 마음이 없는데 언제 조사의 관(祖關)을 뚫을 수 있으랴는 의문을 제

기하였다. 또한 박한영이 당시 각처의 참학도인(參學道人)을 무식하다고 비판한 것으로 보았다. 이에 대하여 용성은 그렇다면 옛 불조(佛祖) 성인도 무식하다는 이야기가 아닌가 하며 그 비판의 문제점을 지적하였다.

이러한 용성의 개탄은 불교사상의 본질도 이해하지 못하는 부류들이 불교의 혁신이라는 명분으로 선종의 참뜻을 왜곡하는 처사를 지적한 것이다. 즉 당시 불교계에서 불교의 유신, 혁신, 개혁, 진화라는 명분을 내세우며 한국불교의 전통을 홀대하던 추세에 대한 강한 반발이었다.

당시 불교계에서는 일본이 우리나라를 식민지화하여 지배·통치하는 제국주의 국가임을 망각하고 오히려 일본불교를 우리가 모방하고 배워야 할 대상이라고 보는 것이 하나의 풍조로 자리잡고 있었다. 그 결과 일본 유학 및 시찰, 일본어 수학, 대처의 보편화, 일본불교의 모방 등이 광범위하게 이루어졌다. 그러나 모방을 할 때에도 민족과 종교를 냉철하게 구분하고 따져 본 후에 해야 함에도 불구하고, 당시의 불교계 흐름은 그러한 인식을 철저히 갖추지 못하였다. 그 결과로 불교의 중흥과 발전은 이룰 수 있었으나 한국불교의 전통과 중심을 지키지는 못하였다. 용성의 우려와 비판은 바로 이러한 시대풍조에 대해 경종을 울려 주는 것이었다.

특히 그는 당시 승려들이 세간사조(世間思潮)에 경도되어 대처육식(帶妻肉食)하고 불교의 경전을 전폐하는 지경에 이르렀음을 질책하였다. 당시 승려들은 일제, 일제의 식민지정책, 불교정책에 저항하지 않았으며 오히려 정치적인 문제에는 일체 관여하지 않겠다는 입장을 고수하였다. 심지어는 한국불교를 말살하기 위해 제정된 사찰령을 불교의 발전을 도모하는 제도로 보았으며, 사찰령을 제정한 일본 천황에게 감사의 마음을 표하는 승려도 등장하였다. 이는 곧 자기가 처한 현실과 그 현실을 조장하는 근본 원인을 직시하지 않겠다는 인식을 보여주는 것으로, 실로 그들이 어느 땅에서 뿌리를 내리고 살아가는지가 자못 궁금하다.

이러한 현실인식과 풍조는 곧 한국불교의 기반을 밑바닥부터 무너뜨려 사찰 공동체의 해체를 가져왔으며, 화합을 지향하는 승가 공동체를 와해시키고 있었다. 그러므로 용성의 질책은 바로 이러한 현실에 대한 우려였으며, 올바른 중심을 찾으려는 고육지책이라 하겠다. 그런데 이러한 풍조와 변화를 가져오게 된 근본적인 요인은 곧 일제의 한국 강탈이었으므로 용성의 현실인식과 행동도 자연히 일제 식민지 통치의 부정에서 시작되었다. 그리고 한국의 자주독립을 되찾으려는 민족독립운동으로 나아갈수밖에 없었으니 그것이 바로 3·1운동의 동참이었다.

3·1운동 민족대표로

용성은 선종포교당을 개설해 독자적으로 포교활동을
벌였지만, 북청에서의 금광 경영 실패 등으로 1918년을
전후해서는 뚜렷한 활동을 남기지 못하였다. 다만 서울
봉익동 1번지의 선종포교당(대각사)과 대성초당 등지를
왕래하며 먼 후일을 준비하던 단계였다고 이해된다. 당시
그는 전국 방방방곡을 돌아다니고 세상사를 둘러보면서
후일의 독립운동 후원자와 동조자를 물색했는데, 그 과정
에서 전북 운봉의 임동수(林東壽) 거사와 같은 재정 후원
자를 만났다고 한다.

한편 용성의 문도들이 주장하는 것처럼 대성초당에서
만해 한용운과 함께 민족운동의 원칙을 세웠다는 것도
그 무렵이다. 1918년경 대성초당에서 용성과 만해는 국제

정세와 타종교와의 관계에 대해 의견을 교환했다고 한다. 당시 그들은 용성이 체(體)가 되고, 만해가 용(用)이 되어 호국 호법을 서원하였다 한다. 이러한 굳은 약속이 후일 3·1운동의 씨앗이 되었을 것이다.

당시 용성과 만해는 나이로 보아도 용성이 15년 연상으로 선배 역할을 하였을 것이다. 또한 불교의 깨달음이라는 측면에서도 용성은 제4차 깨달음을 거친 선지식이었으나 당시 만해는 첫 깨달음을 마친 직후였다. 만해의 출가시점이 1905년경이라는 것을 고려하면 용성이 훨씬 어른 대접을 받았을 것이다. 다만 두 사람은 임제종운동, 특히 임제종중앙포교당 및 조선선종중앙포교당의 운영에 같이 참여한 이력으로 긴밀한 관계를 맺게 된 것으로 보인다. 민족불교의 확립과 불교 대중화의 추구라는 노선에서 사상적으로나 인간적으로 끈끈한 인연이 있었던 것이다. 이러한 이력과 서로간의 신뢰가 후일 3·1운동에서 불교계 대표로 함께 참여하면서 민족운동의 활화산이 된 것이다.

그리고 3·1운동 전후 민족운동에 참여한 이종욱(월정사), 송세호(도리사), 정남용(건봉사), 신상완(중앙학림) 등은 조선선종중앙포교당에 출입을 하였던 인물들이었다. 이는 그 포교당이 항일불교의 거점이었음을 말하는 것이다. 이러한 성격은 그 포교당에 용성 및 만해가 있었고, 또한 이 두 사람이 항일불교를 지향하였기에 자연히 그들의 영향을 받았다는 것을 말해 주는 대목이다.

한편 만해는 선종포교당의 포교사에서 물러나 1916년 경에는 전국 각처의 사찰을 순방하였으며, 1917년에는 『채근담』(菜根譚)을 간행하였고, 설악산 오세암에서 깨달음을 경험한 이후 1918년에는 서울로 올라왔다. 서울로 올라온 그는 종로의 계동 43번지에 머무르며, 그곳을 월간지 『유심』(唯心)의 발행처로 삼고 불교 청년들을 위한 계몽활동에 전념하였다.

『유심』지는 거의 만해의 독자적인 기획과 편집 그리고 기고문 등으로 간행되었다. 당시 용성은 이 『유심』지에 「파소론」(破笑論)을 기고했는데, 이 사실은 두 사람 간의 우의와 긴밀함을 반영해 준다고 하겠다.

1919년 거족적인 3·1운동 때 만해와 용성은 불교계 대표로 민족대표 33인의 일원으로 추대되어 최일선에서 활약하였다. 특히 만해는 33인의 선정, 거사 일정의 조정, 독립선언서 준비 등의 실무적인 일을 주도한 데 반해 용성은 일선에 직접 나서지는 않았다. 아마도 불교계 대표로 나선 만해가 있었기 때문에 굳이 나설 필요가 없었다고 보여진다.

만해는 일본을 시찰하다가 만난 최린과의 인연으로 3·1운동의 중심부에서 활동하였다. 그는 3·1운동의 대중화 및 민중화 등을 추진했으며, 민족대표를 선정할 때에는 주로 불교계 대표 인선에 나섰다. 1919년 2월 20일경, 만해는 천도교 대표였던 최린에게 용성을 민족대표에 포함시킬 것을 강력히 요청하였다. 이처럼 만해가 불교계 대표로 용성을 제일 먼저 추천했다는 사실은 무엇을 의미할까?

우선 만해가 불교사상의 수준이라는 면에서 용성을 당시 불교계의 정상에 있는 선지식이라고 평가한 것으로 볼 수 있다. 또 한편으로는 두 사람이 다년간 함께 포교당을 운영하면서 쌓아온 신뢰성을 거론할 수 있다. 그러나 근본적인 요인은 용성이라면 거족적인 민족운동에 흔쾌히 참여할 것이라는 확신, 그리고 용성의 불교사상이 항일불교 지향이라는 것을 인식한 만해의 판단이었다.

만해는 2월 20일, 최린에게 용성을 불교계 대표로 추천한 직후 범어사까지 내려가 다른 승려들도 민족대표에 포함시키려고 노력하였다. 당시 만해가 민족대표로 고려한 인물은 송만공(수덕사), 백초월(영원사), 진진응(화엄사), 도진호(쌍계사), 오성월(범어사) 등이라고 한다. 그러나 지방이라는 한계 등으로 인하여 추가 교섭은 이루지 못하고 서울로 돌아왔다. 이에 2월 27일경 만해는 용성이 거주하였던 집(대각사)으로 찾아가 3·1운동의 목적과 추진 상황을 설명하고 운동의 동참을 정식으로 요청하였다. 그 당시 용성은 1916년부터 추진한 광산 경영이 실패로 돌아가자, 1918년 4월 이후에는 봉익동 1번지에 거주하며 먼 후일을 준비하고 있었다. 이런 때에 만해가 찾아온 것이다. 당시의 정황을 용성은 다음과 같이 설명하였다.

2월 27일 오후 8시경 한용운이란 사람이 나에게 와서 금번 구주전쟁의 결과 파리강화회의에서 각국은 독립을 하려고 하였기 때문에 우리 조선도 독립을 하지 않으면 안 된다고 하여 금명일 내로 선언하려고 하니 그대 생각은 어떠한가 하므로 그런 일이면 마땅히 찬성한다고 하였다.

이러한 용성의 발언에서 우리는 용성의 자주독립의식을 분명히 파악할 수 있다. 그리고 만해와의 긴밀한 상호신뢰성을 재삼 엿볼 수 있다. 당시 그는 만해에게 3·1운동의 의의를 물은 후 참가한다는 의사를 확실히 표명하였다. 이것은 그가 지금껏 걸어온 이력과 불교사상이라는 측면에서 볼 때 당연한 일일 터이다. 그리하여 용성은 만해가 추진한 3·1운동에 기꺼이 동참하기로 작정하였음을 밝혔으니, 아래의 답변에서 거듭 확인된다.

먼저 말한 것과 같이 한용운 제의에 찬성하고 같이 일을 하려고 하였다. 그런데 어느 때든지 통지만 하면 가기로 약정하고 한용운은 돌아갔다.

당시 용성은 만해에게 독립선언서에 서명할 도장을 기꺼이 제공하였다. 이로써 용성의 3·1운동의 참여, 아니

최일선에 서기로 한 의지와 행동은 차질없이 진행되었다. 2월 28일, 만해는 용성을 찾아와 3월 1일 거사의 행동에 대한 연락사항을 알려 주었다. 이 대목은 용성의 다음과 같은 법정 발언에 잘 나오고 있다.

그 후 2월 28일 한용운이가 와서 가입되었으니 내일 오후 2시에 명월관 지점으로 오라고 하므로 나는 생활이 곤란하여 양미를 구하러 인천에 갔다가 오후 2시에 명월관에 가니 벌써 동지들이 대부분 다 모였고 한용운의 인사말이 있은 후 만세삼창을 부르자 곧 경관이 와서 체포되었다.

3월 1일, 조선 민족이면 남녀노소를 가리지 않고 거족적으로 궐기한 민족운동의 그 날! 용성은 민족대표 33인이 모여 독립선언식을 갖기로 한 명월관에 가서 민족의 독립을 절규하는 만세삼창을 하였다. 특히 우리의 관심을 끄는 것은 그가 양식이 없어 3월 1일 당일에도 인천까지 다녀왔다는 것이다. 무소유, 청빈의 삶을 유지하면서도 불교 포교와 독립운동을 위해 애쓴 그의 치열한 보살행을 우리는 잊지 말아야 할 것이다.

용성이 이처럼 3·1운동의 최일선에서 불교계 대표의 자격으로 민족대표에 가담하여 민족운동에 참여한 것은 확고한 의지에서 나온 행동이다. 그는 법정에서 자신의 의지를 단호하게 밝혔으니, 예컨대 독립선언 자체가 일본

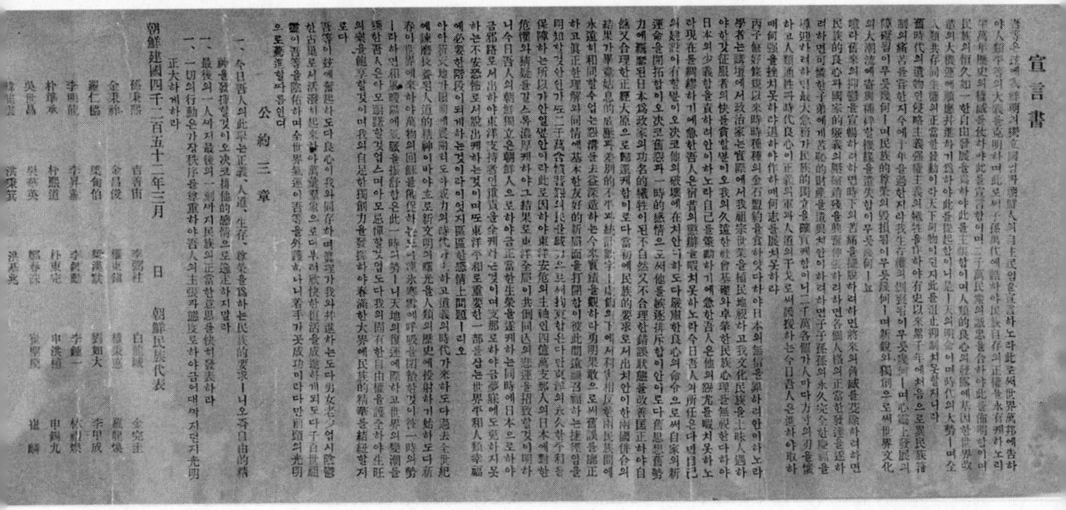

宣言書

公約三章

朝鮮建國四千二百五十二年三月 日 朝鮮民族代表

3·1 독립선언서. 조선민족대표의 명단에서 백용성의 이름을 찾아볼 수 있다.

의 주권에서 벗어나는 것으로 보았다는 발언이나, 조선이 독립되는 것이 좋았다는 발언 등이다.

그러나 용성의 이러한 의식은 그가 승려였기에 불교사상의 측면에서도 그러하였음을 다음의 법정 발언에서 찾아볼 수 있다. 이 발언은 1919년 8월 27일 고등법원 재판에서 일본인 판사의 질문에 대한 용성의 대답이다.

동양의 평화를 영원히 유지하기 위해서는 조선의 독립은 필요하다. 일본에서도 그것을 잘 알고 있을 것이며 또 불교사상으로 보더라도 조선의 독립은 마땅한 것이므로 여러 가지 점으로 보아 하여튼 조선의 독립은 용이하게 될 것으로 믿고 있는 터이다.

용성의 독립정신은 동양의 평화와 불교사상의 측면에서 마땅한 것임을 웅변하고 있다. 여기에서 용성의 독립정신은 배타적이거나 울분에서 나온 것이 아니라 동양인 전체 구성원들의 자유와 평화를 위한 것이었으며, 아울러 불교사상의 대자대비한 보살정신에서 우러나왔음을 확인할 수 있다.

철창 안에서 피어난 대각사상

용성은 평화와 보살정신으로 3·1운동에 동참하고 만세운동의 일선에 섰다. 그러나 당시 일제는 용성의 사상과 숭고한 인류의 보편적인 이상을 밝힌 우리의 민족운동을 짓밟고 있었다. 짓밟은 정도가 아니라 야만적으로 탄압하고, 심지어는 칼과 총으로써 만세운동에 참여한 민중에게 무자비하게 폭력을 행사하였다. 인류이기를 거부한 일제는 평화적인 만세 시위와 자주·자존·자립을 지향하려는 한민족의 거룩한 뜻을 그 출발부터 거부하고 있었다.

그 같은 야만적인 대응은 일반 민중에게만 해당되지는 않았다. 민족대표 33인도 그러한 대응에서는 동일하였다. 용성은 재판 구류 6개월 기간을 일제의 경찰서에서 갖은 고초를 겪은 후 비인도적인 판결의 결과로 일제의 철창 안에서 1년 6개월을 보내야만 되었다.

　　그러나 용성은 그 철창 안에서 자신의 사상을 정립할
수 있는 중요한 계기를 만났다. 그것은 곧 용성의 사상을
대변해 주는 대각(大覺)사상의 구현이었으며 불교 혁신과
불교의 대중화를 통한 불교의 거듭나기였다. 이러한 고민
은 즉시 불교의 대중화로 시작되었다. 그런데 불교의 대
중화를 이루기 위해서는 불교사상이 담겨 있는 경전을
일반 민중이 쉽게 읽을 수 있는 한글경전으로 번역하는
일이 무엇보다도 먼저 해야 할 과제였다. 당시 용성의 고
민은 다음의 회고에 잘 나와 있다.

　　대각응세 이천구백삼십육년 삼월 일일에 독립선언서 발
표의 대표 일인으로 경성 서대문 감옥에서 삼 년 간 철창생
활의 신산(辛酸)한 맛을 체험하게 되었다. 각 종교 신자로서
동일한 국사범으로 들어온 자의 수효는 모를 만치 많았다.
각각 자기들의 신앙하는 종교서적을 청구하여 공부하며 기
도하더라. 그 때에 내가 열람하여 보니 모두 조선글로 번역
된 것이요, 한문으로 그저 있는 서적은 별로 없더라. 그것을
보고 즉시 통탄한 생각을 이기지 못하야 이렇게 크고 큰 원
력을 세운 것이다.

　　철창 안에서 3·1운동에 참가한 독립지사들의 신앙활
동을 접해 보니, 대부분 조선글로 된 서적을 이용하는 것
을 보고 큰 충격을 받았다는 것이다.

그러면 불교의 형편은 어떠했는가? 모든 불경이 한문으로 되어 있는 것이 당시 상황이었다. 이에 용성은 당시의 사조(思潮)를 관찰하는 가운데 그의 의지를 다음과 같이 피력하였다.

오동나무 잎사귀 하나가 떨어짐을 보고 천하의 가을 됨을 아는 것이니 세계에 인류는 생존을 경쟁하고 경제의 파탄은 극도로 되어 가는 시대에 누가 한문에 뇌를 썩이여서 수십 년의 세월을 허송하며 공부하리요. 비록 수십 년을 공부할지라도 한문을 다 알고 죽는 자는 없을 것이오. 다 통달한다고 할지라도 장래에는 무용의 학문이 될 것이니 무엇에 쓰리요. 현금 철학이나 과학이나 천문학이나 정치학이나 기계학이나 모든 배울 것이 많은 시대에 한문만을 가지고 수십 년의 세월을 허비하는 것은 어리석을 뿐 아니라 또한 문명 발달의 장애물만 될 것이며……

이러한 용성의 판단은 당시의 사조와 변천의 실체를 확실히 인식한 토대에서 나온 것이다. 그리고 한문공부에 대한 어려움과 그 활용에 대한 충분한 검토도 마쳤음을 알 수 있다. 나아가서 한문만을 위한 수십 년의 허송세월은 결국 문명 발달에도 큰 장애가 될 것이라는 예측도 하였다.

용성은 불경의 번역을 통해 불교의 대중화를 이루기로

결심하였다. 그러므로 용성에게 있어서 기나긴 철창생활의 쓰라림은 찬란한 꽃을 피울 수 있는 진흙 속의 연꽃으로 피어난 것이다. 그렇다, 용성은 그 철창이라는 진흙 속에서 연꽃을 피워 낼 계기를 만났다. 이제 진정한 보살정신의 실천을 민중의 구미에 맞는 방편에서 택하였기에, 철창은 더 이상 철창이 아니었다. 그 철창은 용성이 수행하는 토굴이었으며, 법당이었으며, 산하의 대지였다.

그리하여 용성은 굳은 서원을 세웠다. 진리의 나침반을 세워 모든 대중들이 진리로 향할 수 있는 큰 길을 만들기로 결심하였다. 그 서원은 용성의 회고에서도 찾아볼 수 있다.

또 수십 년 동안 한문공부를 하여서 큰 문장이 되었다 할지라도 우리 종교의 진리는 알지 못할 것이며 또 중국 사람들은 중국 글을 좋아하나 우리 조선 사람들에게는 조선 글이 적당할 것이니 남녀 상중하가 보면 즉시 아는 것이라 보급되기 편리하리니 내가 만일 출옥하면 즉시 동지를 모아서 경 번역 하는 사업에 전력하여 이것으로 진리 연구에 한 나침반을 지으리라.

용성은 조선 사람에게 적당한 조선 글로 진리의 길이 담겨 있는 불경을 만들기로 대서원을 하였다. 또한 이것은 그가 지리산 칠불암의 조실로 있을 당시에 꿈을 통하여 부처에게 부촉받은 것이 아니겠는가? 이제 그는 출옥하여 그 일을 실행하는 것만 남겨 놓았다. 가자, 그 길로, 부처가 알려 주고 부탁한 그 길로, 용성은 이렇게 결심하였다.

이제껏 용성은 불교 전통의 요체를 배우고, 그 요체를 일반 승려 및 신도들에게 일러주는 역할을 다하였다. 그리고 도회지로 나와 보살행을 통하여 불교의 진리를 전하리라 결심하였다. 그런데 이제 3·1운동이라는 민족사의 큰 분수령에 이르러 불교의 혁신, 불교의 대중화라는 미지의 길을 가기 위해 힘찬 발길을 내디디게 된 것이다. 그러하기에 위기가 곧 기회요, 암흑이 암흑만이 아니고 광명일 수가 있는 것이다. 이는 곧 색즉시공이요 공즉시색이 아니겠는가?

그리하여 용성은 철창 안에서 부단히 옹골차게 고민하였으리라. 출옥하면 해야 할 모든 일들을, 즉 번역의 대상은 무엇부터 시작해야 할 것인가 등을 점검하였을 것이다. 이로써 용성은 그가 가야 할 길을 찾았다. 이전에 꿈 속에서 받은 계시를 실천할 길을 찾은 것이다. 그 길은 용성 개인으로 보나 민족불교 지향으로 보나 커다란 회향이었으리라. 그것은 지금껏 그가 갈고 닦은 진리와 불법으로 민족불교 수호와 불교 대중화의 제단에 바칠 꽃을 피울 터전을 가꾸는 것이다. 이제 용성은 그 터전, 즉 복전(福田)을 살찌우고 씨를 뿌리고 거름을 주고 김을 매고 추수할 만반의 채비를 해야 한다.

어쩌면 이 일은 용성에게 큰 행복이었으리라. 그리고 그것은 민족불교가 그에게 내려준 사명이자 임무일 것이다. 이로써 개화기 당시부터 불교계에 회자된 불교의 혁신, 유신, 개혁이라는 이름 아래 등장한 불교 대중화가 가야 할 길을 확립한 것이다. 용성은 불교 대중화의 큰 길을 열고, 그것을 고민하는 다른 승려들의 모범이 되었으며, 불교의 나아갈 방향을 제시하여 혼미하였던 불교의 이정표를 확실히 세울 수 있는 염원을 가슴에 담았다.

역경불교, 민중불교

용성은 1921년 3월, 일제의 억압과 야만으로 자행된 철창생활을 마치고 출옥하였다. 그가 철창생활을 끝내고 서울의 봉익동 1번지로 돌아온 것은 옥중에서 결심한 서원을 실천하기 위한 새로운 출발이었다.

한편 용성이 감옥에 있는 동안 민족운동과 불교계에도 몇 가지 변화가 나타났다. 우선 중국 상하이에 대한민국 임시정부가 수립됨으로써 독립운동의 구심체 역할을 하였다. 임시정부의 수립은 3·1운동에서 나타난 민주공화정의 이념을 가지고 민족운동의 대동단결을 이룬 것으로서, 실로 그 의미는 독립운동 역량의 성숙과 진일보라는 면에서 민족사의 쾌거라 할 만하다. 임시정부의 수립으로 독립운동은 한 단계 고양된 수준에서 사회 각 분야의 자주의식을 일깨워 주었으며, 각계 각층으로 민족운동의 분화가 나타났다.

이처럼 3·1운동의 발발과 상하이 임시정부의 수립은 여러 가지 점에서 의의를 갖지만, 특히 우리 민족문화가 재발견되는 계기가 되었다는 점에서 그 의의가 크다. 그 결과 우리 민족문화의 우수성과 창조성을 찾으려는 움직임이 자생적으로 등장하였다.

한편 불교계에서도 일제의 식민지 불교의 본질과 모순을 인식하면서 그 대안을 찾으려는 의식의 물결이 일기 시작하였다. 이 물결은 점차 불교의 자주화라는 그릇에 담겨지면서, 구체적인 방편으로는 사찰령의 철폐운동으로 귀결되고 있었다. 이러한 변동은 이전 10년간의 식민지 불교의 폐해와 모순을 피부로 느낀 결과였는데, 어찌 보면 그것은 당연한 산물이었다.

일제는 행정 편의주의적인 억압에서 한국불교를 통제하였으므로, 그 결과 한국불교계는 자주성이 박탈되었으며 한편으로는 식민지 당국에 기생하려는 친일 주지층이 서서히 등장하였다. 이러한 모순은 결과적으로 불교계 내의 진보와 보수라는 갈등구조를 연출하였으며, 사찰 공동체의 파괴현상으로 나타났다. 그러한 문제를 더욱 가속화시킨 것은 승려들의 대처(결혼)였다. 대처의 파급은 그 자체가 일본불교의 침투를 반영하는 것이었다.

그런데 문제는 불교계 승려들이 대처를 불교의 발전, 개혁, 유신이라는 명분을 내세워 개혁 추진의 당위로 강조했고, 더 나아가서는 대처를 실천하려는 의식이 점점 광범위하게 퍼져 나갔다는 것이다. 이는 식민지 불교를 극복하는 것이 목표인 한국불교로서는 아이러니한 현상이었다. 마땅히 극복해야 할 대상의 요체를 오히려 적극적으로 수용하였다는 것은 결국 이율배반적인 문제가 아닐 수 없다.

이러한 모순은 곧 불교계가 개혁의 추진과 현실인식의 문제에서 뚜렷한 방향을 수립하지 못했다는 것을 뜻한다. 달리 말하자면 불교를 어떤 방향으로 발전시키고, 무엇을 개혁할 것인가에 대한 방향감각이 없었다는 말이다. 그리고 일본과 일본불교에 대한 냉철한 인식의 정립도 수립되지 않았다는 것을 알 수 있다.

이러할 즈음, 용성이 출옥한 것이다. 그러나 용성의 출발은 처음부터 순조로웠던 것은 아니다. 그는 출옥 후 이전에 머물던 봉익동 1번지로 가려고 했으나, 그곳은 이미 용성이 옥중에 있을 때 그의 제자가 팔아 버리고 도주한 후였다. 이러한 불행은 용성이 옥중에 있을 때 벌어진 일이었으나, 그를 평생 시봉하였던 제자 이동헌(李東軒)은 옥중의 용성에게 일부러 알리지 않았다. 승려에게 근거지가 없다는 것은 신앙생활, 포교활동 등에서 치명적인 손실이 아닐 수 없다. 그러나 용성은 좌절하지 않았다. 아

니, 좌절할 수 없었다. 이 정도의 어려움은 능히 헤쳐 나
갈 수 있는 그였다.

  그리하여 용성은 우선 서울 가회동 211번지의 신도 집
으로 갈 수밖에 없었다. 그곳에 근거를 마련한 용성은 곧
역경을 하기 위한 준비를 하면서 당시 불교계에 협조를
구하였다.

  이렇게 결정하고 세월을 지내다가 신유년(1921) 삼월에
출옥하여 모모인과 협의하였으나 한 사람도 찬동하는 사람
은 없고 도리어 비방하는 자가 많았다.

  그러나 불교계에서 협조를 구하는 일은 쉽지 않았다.
용성은 협조해 주는 이도 없는 상황이었지만 결심을 바
꾸지 않고, 더욱 옹골찬 의지를 펴나갔다. 더욱이 건강도
좋지 않았던 상황에서 그의 뜻을 편다는 것은 큰 어려움
이었을 것이다.

  신유년 춘삼월은 나이가 58세라 백발이 성성하니 오호라
세상 사조가 하루하루 급변하니 조선 글은 발전하고 한문
은 스스로 폐하여지는 것이 명약관화한데 불경은 전부 한
문이라 어찌할 것인가? 나는 여러 승려들과 상의하였건만
따르는 이가 하나도 없고 또한 각 사찰에 협조 요청의 문서
를 보내었으나 서로 돕겠다는 이는 하나도 없고 오히려 수
군수군대는 자만이 많더라. 내가 나이가 들어 눈이 쇠약하

여 역경을 감히 감당할 수 없지만 중생들의 복전의 안목이 세간에 함몰될 것을 염려하여…….

어느덧 용성의 나이 58세, 백발이 성성한 노년으로 눈이 좋지 않은 상태에서도 용성은 세상의 급변함을 간파하고, 조선 글이 왕성해질 것을 예견하고, 중생들의 복전을 북돋워 주기 위해 굳게 결심한 것이다. 그러나 각 사찰에서는 도움은커녕 오히려 뒷전에서 수군대는 소리만 높았다.

그러나 용성은 여기에서 멈추지 않았다. 부처가, 민족불교가, 중생이 그에게 내려준 부촉을 저버릴 수는 없었다. 불교의 대중화를 통한 대각사상의 구현을 위해, 진리의 참뜻을 세상에 널리 전파하여 민중 모두가 깨달음을 체득하도록 도와주기 위해 그는 착수하였다. 그 힘은 조선 민중 전체가 대각의 세계로 나아가서 마침내 정신적인 자주독립을 이루기를 서원하는 강한 의지에서 나왔으리라.

이러한 굳은 뜻으로 시작한 역경사업 중에서 그가 제일 먼저 번역에 착수한 경전은 『금강경』(金剛經)이었다. 이 경전은 두 번에 걸쳐 번역 간행되었는데, 먼저 1922년 1월 12일에 순한글 번역으로 『신역대장경』이 나왔으며, 같은 해 1월 28일에는 국한문 번역으로 『선한문신역대장경』(鮮漢文新譯大藏經)이 나왔다.

이때가 용성이 일을 시작한 지 불과 1년도 채 안 되었을 때이니 그가 얼마나 열성적으로 이 일에 매달렸는지 짐작할 수 있다. 그런데 용성은 역경사업을 하면서, 비록 역경의 주도적인 일은 자신이 도맡다시피 하였지만 그 사업은 삼장역회(三藏譯會)에서 추진하도록 하였다. 이 회(會)는 추측건대 용성을 따르는 일부 제자와 그의 뜻을 이해하는 신도들의 모임으로 이해된다. 이 삼장역회의 삼장은 불교의 법을 담고 있는 세 가지 그릇이라는 의미로, 경(經)·율(律)·논(論)을 말한다. 경은 부처의 설법 및 교훈을, 율은 승려와 승려사회의 제반 규정을, 논은 불교용어의 정의뿐만 아니라 경장이나 율장의 내용을 세부적으로 검토하는 것이다.

이러한 삼장은 불교의 모든 진리를 전하는 경전을 총망라하는 의미이므로 삼장역회라 함은 바로 불교 관련 모든 서적을 한글화하겠다는 뜻에서 나온 명칭이다. 불경의 한글화는 곧 불교의 대중화임이 더욱 분명해지는 것이다.

한편 용성과 함께 수감생활을 하였던 만해도 출옥 후 법보회(法寶會)라는 단체를 조직했는데, 이 단체도 불경의 역경사업과 무관할 수는 없다고 하겠다. 이처럼 용성과 만해가 출옥 후 같은 길을 걸었다는 것은, 곧 그 움직임이 당시 불교가 나가야 할 시대적 방향에 대한 고민에서 나온 것임을 보여준다.

그러하기에 당시 『동아일보』(1921. 8. 28)도 용성이 주도하는 삼장역회의 출현을 「불교의 민중화운동」이라는 사설을 통해 높게 평가하였다.

그럼으로 저 불교를 다시 진흥하여 법계 중생으로 하야금 무명과 어두움을 타파하고 청정한 깨달음에 큰 지혜를 개발하게 하려면 그 교리의 선전방법을 개혁하여 모든 민중으로 하여금 친히 그 교리를 이해하며 체득하게 하여야 할지니 이것이 불교를 민중화하는 것이며 그 생명을 나타나게 하여 행복의 원천을 만드는 근본 요인이라.

재래 불교의 선전방법을 관찰하면 첫째 그 경전이 순한문이라 일반 신도가 이를 이해하기 곤란할 뿐 아니라 그 배움도 용이하지 아니하며, 둘째 그 해석과 강의가 역시 순한문이 아니면 순한문식이더라. 이러하므로 일반 민중은 그 입

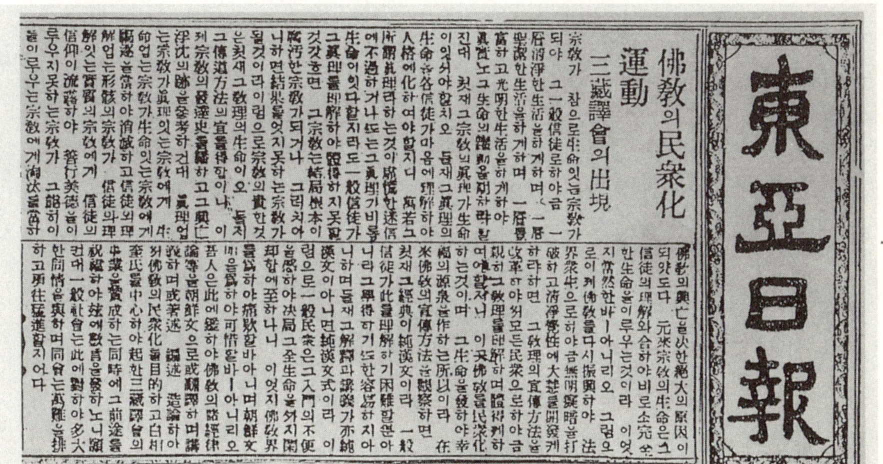

문의 불편을 느껴 결국 그 생명
까지 버림에 이르렀나니 이 어찌
불교계를 위하여 통탄할 바 아니
며 조선 문명을 위하여 애석할
바 아니리요. 우리들은 이를 느껴
불교의 여러 경·율·논 등을 조
선문으로 혹은 번역하며 강의하
며 혹은 저술, 편술(編述), 조론(造
論)하여 불교의 민중화를 목적하
고 백상규(白相奎) 씨를 중심하여
일어난 삼장역회의 사업을 찬성
하는 동시에 그 전도를 축하하며
이에 몇 마디 말을 하였으니 원
컨대 일반 사회는 이에 대하여
다대한 동정을 바라고 삼장역회
는 만난을 물리치고 용맹히 돌진
하기를 바라노라.

용성이 3·1운동 이후
불교사상에 대하여
최초로 저술한
『심조만유론』.

　　이로써 용성의 삼장역회는 용성 개인의 사업을 떠나서
불교계와 사회의 사업으로 인식되었음을 알 수 있다.
　　한편 용성은 최초로 역경한 『금강경』을 간행하면서도
그가 1913년에 조선선종포교당 시절에 초간하였던 『귀원
정종』을 재출간하였다. 이는 『귀원정종』의 저술 취지를
불교계뿐만 아니라 일반 사회에도 널리 알려야겠다는 뜻

에서 나온 것으로 보인다.

그리고 불교사상의 요체인 마음[心]을 요약 정리한 『심조만유론』(心造萬有論)의 저술에 착수하여 1921년 9월에 출간을 완료하였다. 이 저술은 물론 삼장역회의 이름으로 간행되었다. 그가 『심조만유론』을 저술한 것은 일반 대중이 삼계(三界)가 유심(唯心)이고, 만법이 유식(唯識)이라는 것을 접하면서도 그 실체와 본질을 알지 못하는 무지를 일깨워 주기 위함이었다.

세상 사람들이 물질의 학(學)으로 여러 설명이 있으나 나는 여러 설이 다 유심(唯心)이 스스로 만든 것임을 알고 있노라. 세상 사람들이 단지 소견과 들은 바에 집착하여 인생에 견고히 연관됨이 유식임을 알지 못하는 고로……. 무상(無上)한 바른 진리(正眞)의 도(道)를 얻게 하여 불교의 도리를 함께 성취하기를 바라고 이 논을 편술하노라.

이처럼 용성은 유식의 근원, 즉 우주만물을 인식하는 본질은 마음임을 강조하고, 그 마음의 진리를 중생들과 더불어 성취하기를 원하는 보살정신으로 『심조만유론』을 저술한 것이다.

한편으로 이것은 그가 감옥에서 정립한 대각사상의 발로라 하겠다. 혼자만 깨달음을 얻는 것이 아니라 중생과 더불어 깨달아 진리의 세계로 나가겠다는 결심을 하고 그것을 실천한 것이 아니었을까? 그래서 용성은 그 길로 나아갔다. 중생과 함께 하는 서원을 가지고.

이처럼 정성과 서원을 가지고 시작한 역경은 점차 자리를 잡아갔다. 그리고 신도 집에서 작업을 시작하였던 불편도 1922년 5월경에는 이전 근거지의 옆인 봉익동 2번지에 민가를 구입하면서 어느 정도 해결되었다. 용성은 그 민가에 대각교당(大覺敎堂)이라는 간판을 내걸었다.

용성이 1931년에 저술한 「대각교 제칭이유서」에 의하면, 그는 1922년 4월 초파일부터 대각교의 이름을 처음으로 사용하였다고 한다. 그러면 용성이 왜 대각교를 표방한 것일까? 용성의 표현에 의하면, 불교가 쇠퇴의 지경에 있었기 때문에 여기서 벗어나려면 불교를 혁신하지 않으면 안 된다는 판단에서 대각교를 표방하였다. 그러나 이에 대하여 불교계에서는 적지 않은 반대가 있었으며, 용성의 뜻에 동조하는 자는 매우 적었다고 한다.

기존의 불교를 혁신하여 새롭게 발전하는 불교로 만들기 위해 새로운 명칭까지 내세운 용성의 과감한 의지를 다시 한 번 엿볼 수 있는 대목이다. 물론 이러한 구상은 그가 철창생활을 체험하면서 나온 것이다. 그리고 출옥 후 그가 구상한 사업, 즉 불교의 대중화를 추구하면서 이제 그것을 대외적으로 표방한 것으로 보인다.

여기서 용성의 의도와 대각(大覺)의 뜻을 다시 한 번 살펴보겠다.

서울 종로3가에 있는 대각사. 용성이 세운 이 사찰은 용성의 독립운동, 역경·저술 활동, 도시의 선 포교, 대각운동 추진의 거점이었으며 대각교의 본부 사찰이었다.

또한 당시 사조(思潮)와 사람들의 지식 개발이 옛날과 같지 않은 고로 옛날의 습관을 고수하여 스스로 멸망함을 취하는 것이 관계 없다는 말인가.

이런 이유로 불교를 바꾸어 표현하여 대각교라 하니, 무엇이 대각인고. 본각(本覺)과 시각(始覺)이 원만무이(圓滿無二)하기에 그 호칭이 대각(大覺)이요…….

용성은 당시 사조와 민중의 지식이 서로 조화되지 못

용성이 최초로 역경한
『신역대장경』과
1926년 4월에 발간한
『상역과해금강경』.

하고, 옛날과 달리 급격한 변천을 보이는 현실에 대해 고민하였다. 더욱이 불교에 대한 부정적인 인식을 타파하는 일도 시급하였다. 따라서 쇠퇴되어 가는 불교를, 발전하는 불교로 만들기 위해 대각교를 표방한 것이다.

이러한 의도에서 대각교를 내세우고, 봉익동 2번지의 근거지에 대각교당이라는 간판을 내걸어 대내외에 알린 것이다. 이 교당은 당시 불교 관련 잡지 등에서도 대각교당(大覺敎堂)으로 기록되어 다수 전하고 있으며, 일부에서는 대각교회로 적어 놓기도 하였다. 그리고 그 대각교당으로 삼장역회를 옮겼음은 물론이다. 그래서 그 후에 저술 및 역경된 책에는 삼장역회와 대각교당(교회)이라는 이름으로 간행처가 표기되어 있다. 이러한 배경에서 그 즈음 간행한 저서와 역경한 경전은 다음과 같다.

『귀원정종』(歸源正宗, 1921. 7, 재판)
『심조만유론』(心造萬有論, 1921. 9, 저술)
『신역대장경금강경강의』(新譯大藏經金剛經講義, 1922. 1)
『선한문금강경신역대장경』(鮮漢文金剛經新譯大藏經, 1922. 1)
『수능엄경선한연의』(首楞嚴經鮮漢演義, 1922. 3. 7, 2권)
『수심정로』(修心正路, 1922. 6, 저술·탈고)
『각정심관음정사총지경』(覺正心觀音正士摠持經, 1922. 12)
『금비라동자위덕경』(金毗羅童子威德經, 1922. 9)
『팔상록』(八相錄, 1922. 9)
『원각경』(圓覺經, 1924. 6, 순한글과 국한문 번역)
『선한문역선문촬요』(鮮漢文譯禪門撮要, 1924. 6, 부록으로 '수
심정로'를 첨부)

이상은 1921년 3월 용성이 출옥한 후부터 1925년 망월사에서 만일참선결사회를 주도하기 직전까지의 작업 내용이다. 불과 3년여의 기간에 이러한 작업을 했다는 것은 큰 업적이라 하지 않을 수 없다. 용성이 불교에 정통하였으며, 뜨거운 정열을 가졌기에 가능한 일이라 하겠다.

한편 용성이 역경사업에 전념하던 1924년 4월 28일, 대각사에서 간경(看經)을 하는 도중에 용성의 왼쪽 치아 사

이에서 사리(舍利) 일과(一顆)가 나온 일이 있었다. 용성은
그 사리를 뽑아 대각사 정원에 던져 버렸는데, 그 날 저
녁 사리를 버린 정원에서 이상한 불빛이 새어 나와 신도
들은 불이 났다고 여길 정도였다. 사리에서 방광(放光)한
것을 불이 났다고 착각한 것이다. 그 후 그 사리는 수습
되어 지금은 해인사 경내의 용탑(龍塔)에 안치되어 있다.
이 일화는 용성이 역경에만 몰두한 나머지 사리가 나오

용성의 치아에서
나온 사리가 보관된
해인사의 용탑.
당시 용성은 역경에
몰두한 나머지
사리가 나온 것도
몰랐다고 한다.

는 것에도 무관심했다는 것을 말해 준다.

그 당시 역경에 대한 용성의 심정은 다음 글에서 잘 나오고 있는데, 용성은 역경에 열정적으로 매달리다가 신경 쇠약까지 걸렸다.

『금강경』, 『능엄경』, 『원각경』 등 여러 경전을 번역하여 그 뜻을 풀었고, 또 『심조만유론』 등을 저술하여 2만여 권을 세간에 배포하였으나, 내가 신경 쇠약한 이유로 부득이 역경을 폐지하고…….

신경쇠약에 걸릴 정도로 열정을 다해 역경에 전념한 용성의 모습은 불교에 대한 그의 애정이 얼마나 깊은가를 짐작하게 한다. 아울러 용성의 그 열정은 불교의 혁신과 대중화를 이루겠다는 강한 의지에서 출발하였음도 다시 한 번 확인할 수 있다.

선학원 창설과 불교의 대중화

용성은 불교의 혁신과 불교의 대중화를 위해 갖은 고난을 극복하고 불과 3년이라는 기간에 당시 불교계에 새로운 반향을 일으켰다. 한편 그는 자신이 주도한 삼장역회의 사업을 추진하면서도 불교를 새롭게 하려는 한국 전통불교 수호 및 혁신운동에도 적극 관여하였다.

이러한 움직임에 용성이 참여한 것은 용성의 위상이 당시 불교계에서 차지하는 비중이 적지 않은 면도 고려할 수 있겠지만, 그 움직임이 지향하는 바가 용성의 사상 구현과도 서로 통했기 때문이다. 예컨대 불교청년운동을 선도했던 조선불교청년회의 회관(인사동)에서 1921년 9월 18일, '불교진리 성전'이라는 주제로 강연을 한 것도 바로 그런 사실을 말하고 있다.

용성이 관여한 일 가운데 특기할 만한 것은 1921년 11월 30일에 창건한 선학원(禪學院)의 발기인에 용성도 참여했다는 것이다. 3·1운동 직후 불교계에 나타난 조류는 식민지 불교의 극복과 한국 전통불교의 수호였다. 그리고 그러한 흐름에서 나온 것이 교단의 정비 및 혁신, 사찰령 철폐, 전통불교의 핵심인 선(禪)의 부흥과 계승 등이었다.

서울의 종로구 안국동 40번지에 있는 선학원은 이러한 시대적인 배경을 가지고 등장했는데, 1921년 8월 10일에 공사를 시작하여 같은 해 10월 4일의 상량식을 거쳐 11월 30일에 역사적인 준공을 보았다. 선학원의 창설 움직임은 일제의 사찰령에 저촉되지 않는 순수 한국불교의 전통을 수호하고 계승할 수 있는 공간을 만들어 보자는 의식 있는 승려들의 각성으로부터 가시화되었다. 그들은 당시 서울에서 포교사로 주로 활동하였으며, 불교에 대한 애정이 깊었던 부류이다. 김남천(범어사), 강도봉(석왕사), 김석두(범어사), 한설제(귀주사) 등이 바로 그들이었다. 한편 이들을 뒤에서 후원하고 도움을 준 승려는 송만공(수덕사), 오성월(범어사) 등이었다.

이러한 주도 인물들은 불교에 대한 애정과 포교의식이 투철했을 뿐만 아니라, 조선불교청년회(朝鮮佛敎靑年會)가 추구하는 불교의 자주화 운동을 음으로 양으로 지원한 인물들이었기에 자연히 선학원의 성향은 항일불교적인 색채를 띠지 않을 수 없었다.

현재 선학원에 보관되어 있는 상량문(上樑文) 말미에는 선학원의 발기인 명단이 전하는데, 그 명단의 첫 인물로 백용성의 이름이 적혀 있다. 하지만 당시 여러 사정을 종합하건대 용성은 선학원 창설의 실무에는 관여하지 않았다. 그런데 어떠한 사정으로 용성이 발기인의 대표이자 상징 인물로 등장했는지가 자못 궁금하다.

우선 용성은 선학원과 인연이 있었다. 앞에서 살펴보았듯이 용성은 1912년 5월에 개교식을 한 조선선종중앙포교당의 개교사장이었다. 그 후 포교당은 철거되었지만 당시 그 포교당의 재목이 선학원 공사에 활용되었다. 그리고 그 포교당은 범어사에서 거의 경영하다시피 하였기 때문에 범어사포교당으로 지칭되기도 하였다. 그러므로 선학원은 이전 임제종중앙포교당, 조선선종중앙포교당, 범어사포교당의 전통을 계승하였음을 쉽게 알 수 있다.

바로 여기에서 용성과 인연이 있었다 하겠다. 용성은 그 포교당의 개교사장으로 있으면서 포교당의 설교 및 포교 활동을 주도한 인물이었다. 그리고 용성은 범어사 금강계단에서 대선사의 직위를 받았던 인연도 있었다. 이러한 사정과 인연에 의해 선학원과 용성은 긴밀한 관계를 맺게 되었을 것이다.

그러하기에 선학원 창설의 주도 인물들은 선학원 공사 과정에서 수시로 용성과 접촉을 가졌으리라 짐작할 수 있다. 나아가서는 선학원 발기인 명단에도 용성을 포함시켰을 것이다. 더구나 용성이 불교계를 대표하여 3·1운동 때 민족대표에 참여한 이력이 있었던 점도 그 요인을 더욱 설득력 있게 해준다. 또한 용성 자신은 한국불교의 전통을 가장 옹골차게 지켜온 인물이 아니던가? 그 자신이 수십 년 간 선 수행을 통하여 제4차 깨달음을 성취한 선지식이었다. 이러한 경험과 이력, 불교계를 대표하는 선사, 민족운동계에서의 위상 등이 고려되어 용성은 전통불교 수호와 항일불교 지향을 고수하려는 선학원의 상징 인물로 내세워졌으리라.

또한 선학원은 일제의 사찰정책으로 불교의 전통과 종지가 흐려지는 사태를 예방하려는 목적에서 창설되었기 때문에 자연히 민족불교 지향의 성격을 띠고 있었다. 그러므로 용성이 선학원 창설의 상징 인물이었다는 사실은 전통불교 수호 및 항일불교 지향에 있어서 당시 불교계의 대표적인 인물로 인정받았음을 뜻한다.

한편 용성이 당시 불교계, 특히 선계(禪界)에서는 가장 대표적인 인물이었음을 전하는 기록도 찾아볼 수 있다. 이능화가 지은 『조선불교통사』(하, 1918)의 「범어일방임제종지」(梵魚一方臨濟宗旨)에 보면 "당시 선계(禪界)를 돌아보면 모두 용성을 '거벽'(巨擘)으로 추대한다"는 표현이 나온다. 거벽이라 함은 곧 용성이 선에 대하여는 단연 으뜸이라는 뜻이다. 그리고 김태흡이 『불교』지 65호(1929.

11)에 기고한 「남유구도예찬」(南遊求道禮讚)의 글에, 당시 생존한 대표적인 선지식으로 신혜월, 송만공, 방한암 등과 함께 용성을 거론한 것도 유의할 만한 대목이다. 그러므로 한국 선불교의 대명사로 지칭된 용성이 한국 전통 선 부흥의 기치를 내세운 선학원의 상징 인물로 등장함은 자연스러운 것이었으리라. 더욱이 그 선의 전통을 고수하는 차원에 머무르지 않고 도회지로 나와 선을 대중화하려는 용성의 행적은 선학원 주도자들에게 큰 매력이 되었을 것이다.

그러나 용성은 선학원 창설의 상징 인물로 내세워졌지만, 선학원 운영 등에 직접 참여하지는 않았다. 창설 직후에 선학원에서는 전국 수좌들의 조직체인 선우공제회(禪友共濟會)가 결성되었다. 선우공제회는 한국 전통불교의 선풍을 진작시키고, 그 전통을 계승하려는 수행 납자들의 수행 환경을 보호하려는 목적에서 나왔다. 그러나 그들은 수행 환경의 개선은 자립적인 의지로 타개할 것을 제시하였다. 그러한 의도는 곧 식민지 불교로 인하여 희미해져 가는 전통불교의 본질인 선풍을 확대 재생산하여, 식민지 시대의 중생들을 구제하려는 보살정신의 발로였다.

이러한 의미를 담고 있는 선우공제회의 발기인 및 주도 인물의 명단에는 현재 용성의 이름이 전해지지 않고 있다. 용성은 왜 선우공제회에 참여하지 않은 것일까? 이는 아마도 용성은 선학원 및 선우공제회의 취지에는 동감했지만 그가 감옥에서부터 결심한 불교의 대중화, 나아가서는 불교의 대각사상을 발전시키려는 의지를 우선시했기 때문이라고 이해된다. 더욱이 자신의 노력으로 역경 사업을 부단히 전개해야 하는 처지에서 선학원의 활동에 시간과 정열을 다 쏟을 수는 없는 처지였을 것이다.

당시 이러한 사정을 보여주는 용성의 어록에는 용성의 심정을 다음과 같이 전하고 있다.

여러 스님의 존후가 항상 만복하길 엎드려 축원하니라. 많은 사람이 모여 사는 일은 한 마디로 말하면 시비의 장이로다. 포교하고 전도하는 일은 나는 알지 못하여 머리를 흔들 정도이다.

오직 원컨대, 모든 선지식께서는 나를 풀어 자유자재하게 놓아 주시오. 본디 머리가 있고 꼬리가 없는 놈은 말할 줄도 모르는 것이외다.

오로지 내가 결심한 일은 이제부터는 나가지 않겠다는 것이로다. 다만 경전을 번역하는 외에 묵묵히 청산을 대할 뿐이로다. 나의 마음은 이미 결정되어 털끝 하나 들어올 곳이 없도다. 오직 바라건대 모든 스님들은 나를 버린 물건으로 여기소서.

곧 경전을 번역하는 일에 전념할 뿐, 그 밖의 일에는 절대로 나서지 않겠다는 것이다. 용성은 자신의 결심이 털끝 하나 들어올 여지조차 없을 정도로 강경하다고 천

명하고 있다. 한편 1924년경 선우공제회의 수도부(修道部)
이사로 용성이 추천되었다는 기록이 전하지만 용성이 수
락했다거나 활동했다는 내용은 전하지 않고 있다.

　선학원은 1924년부터는 재정문제로 어려움을 겪다가
선우공제회 사무소를 직지사로 옮기기도 하였다. 그러나
1926년경에 가서는 운영자금 부족 등으로 범어사포교당
으로 용도가 변경되었다. 선학원의 재건은 1931년 1월경
김적음(金寂音) 선사의 노력에 의해 가시화되었다. 재건된
선학원에서는 선풍의 진작을 통해 선학원 운영의 대중화
를 도모하였다. 이를테면 참선, 강연, 설법, 남녀선우회
조직, 기관지『선원』(禪苑)의 간행 등 다양한 부문에서 선
풍의 대중화를 위해 노력하였다.

　이 당시 용성은 선학원의 운영에는 직접 관여하지 않
았지만『선원』지에 선의 내용을 기고하고, 선풍의 부흥에
참여하는 등 도움을 주었다. 우선 기고문을 살펴보면 다
음과 같다.

　　창간호 : 선화누설(禪話漏說)
　　제2호　: 선화누설(禪話漏洩), 일자백관문답(一字百關問答), 불
　　　　　　선변이론(佛仙辨異論)
　　제3호　: 염송거본화(拈頌擧本話),　마하반야바라밀다심경역
　　　　　　해(摩訶般若波羅蜜多心經譯解), 화두법이라
　　제4호　: 염송(拈頌)

『선원』지의 표지와 용성의 기고문. 용성은 이 잡지에 주로 선(禪)에 관한 내용을 기고하였다.

　　용성이 이처럼 선과 관련된 내용을 기고한 것은 일반 대중에게 선의 진수를 널리 계몽하겠다는 적극성을 보여주는 것이다.

　　한편 용성은 선의 설법 및 선 수행에도 도움을 주었는데, 이는 선을 널리 알리려는 용성의 의지와 선학원 주도자들의 간청에 의한 것으로 보인다. 예컨대 1931년 2월 18일, 선학원의 한용운·이탄옹·김적음 등이 용성에게 구정 새해인사를 하였다는 것은 용성이 선학원 주도자들과 계속 친밀한 관계를 맺고 있었음을 보여준다.

　　1931년 동안거 결제에서 용성은 주실(籌室)로 참여했음이 확인되고, 12월 11일의 부인선우회 정기총회에서는 참가 대중 70여 명을 상대로 설법을 하였다. 그리고 그 해 12월 23일에는 일반 대중이 7일간의 정진을 무사히 마치자 참가 대중 60여 명에게 설법을 해주었다.

용성의 설법은 그 이듬해에도 지속되었다. 1932년 1월 10일의 부인선우회 정기총회에서 참가 대중 70여 명을 상대로 설법을 하였다. 그 해 2월 14일, 선학원에서 7일간 관음기도를 개설했을 때에도 용성은 매일 오후 8시에 달마서행론(達磨西行論)에 대한 강론과 해석을 하였다. 3월 9일의 부인선우회 정기총회에서도 용성의 설법은 빠지지 않았다. 이처럼 용성이 재건된 선학원에서 정열적으로 설법을 한 것은 무엇보다도 그가 일생 동안 추구한 한국불교의 전통을 선에서 찾으려는 의지와 무관할 수 없다. 그런데 용성이 선학원이 창설되었을 무렵인 1920년대 초반과는 달리 1930년대에 들어와 선학원의 활동에 더 많은 관심을 보인 것은 어떠한 이유에서일까? 아마도 점점 더 희미해져 가는 전통 선을 지키려는 의지의 발로가 아니었을까.

그러나 용성은 선학원의 실무에는 일관적으로 관여하지 않았다. 그렇다고 불교계의 모든 일에 협조하지 않은 것은 아니었다. 그 사례가 『불일』(佛日)지의 편집 동인으로 참여한 것이다. 이 잡지의 간행 취지는 요컨대 불교의 대중화였는데, 이것은 용성의 관심과도 일치한 것으로 용성의 관심이 바로 불교의 대중화에 있음을 다시 한 번 확인할 수 있다.

『불일』지는 조선불교회 내의 불일사에서 간행한 불교 연구 강습록 성격의 잡지이다. 이 잡지는 1924년 7월에 창간되었으나 같은 해 11월의 통권 2호로 종간되었다. 조선불교회는 1920년 3월에 조선의 불교를 발전, 사회의 정신을 지도, 습속의 허위를 개량, 감화의 사업을 진작, 오인(吾人)의 생활을 향상이라는 강령을 내세우면서 창립되었다. 자체 조직으로는 진제부(眞諦部)·건화부(建化部)·경리부(經理部) 등을 두었으며, 의사를 결정하는 모임으로 이사회·심의회·총회 등을 두면서 대중 강연과 선회(禪會)를 개최하였다고 한다.

당시 사찰 중에서 조선불교회에 기부금을 낸 사찰로는 용주사·봉은사·석왕사·동화사·백양사·법주사·유점사 등이 전해지고 있다. 또한 다수의 승려 및 재가신도들의 인명이 전하는 것을 보면 조선불교회는 전국적으로 대중화된 단체였을 것이다. 또 이 단체에는 불일사우회(佛日社友會)라는 동호인 모임이 있었는데, 이 잡지는 아마도 동호인들에게만 배포한 듯하다.

바로 이 『불일』지의 편집 동인에 백용성의 이름이 전해진다. 그러므로 일단 용성은 『불일』지가 지향하는 바에 동의하였던 것이다. 『불일』지의 간행 동기를 보면 약육강식의 논리, 인도(人道)의 멸망, 불안과 미혹 등을 극복하여 평등·자비·박애의 이념인 불일의 광명을 찾자는

『불일』지의 표지와 용성의 기고문. 불교의 대중화를 지향하는 『불일』지의 편집 동인 명단에 백용성의 이름이 전해진다.

것이다. 이러한 간행 동기는 곧 불교의 대중화라고 할 수 있다. 용성은 이 잡지의 창간호에 「마하반야바라밀다심경역해」(摩訶般若波羅蜜多心經譯解)라는 글을 기고했는데, 이는 『반야심경』의 뜻을 일반 대중에게 널리 알리기 위한 것으로 보인다.

한편 1924년 7월에 창간된 『불교』지의 창간호부터 9호에 이르기까지 용성은 「선화누설」(禪話漏說)을 연재하였으며, 그 잡지 5~6호에는 「인연관」(因緣觀)을 기고하였다. 『불교』지는 조선불교중앙교무원이 발간한 불교잡지였는

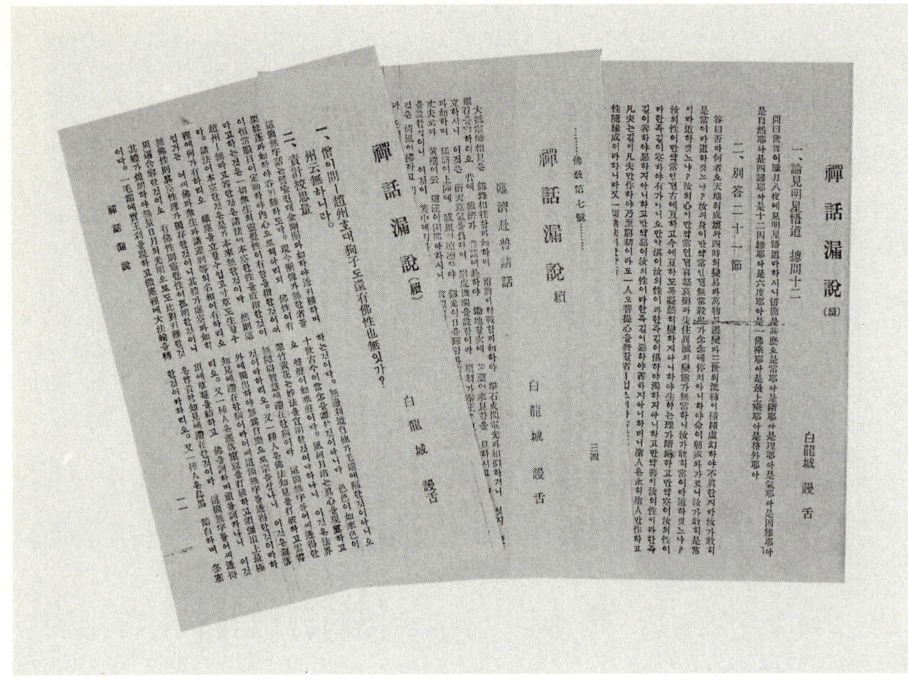

『불교』지에 게재된 용성의 기고문. 용성이 교단적인 성격의 교무원에서 주관한 이 잡지에 기고를 했다는 것은 교단에 대한 관심과 애정이 있었음을 짐작하게 한다.

데, 이전에 불교계가 교무원과 총무원으로 대립하다가 1924년 봄에 교무원으로 통합·합류된 직후에 불교계의 발전을 기하기 위한 발로에서 창간되었다. 그런데 용성이 교단적인 성격을 띠고 있는 교무원에서 주관하는『불교』지에 기고를 했다는 사실은 당시의 용성에게 교단에 대한 관심과 애정이 있었음을 짐작하게 한다. 물론 그 목적은 선의 진수를 대중들에게 널리 알리려는 의도였음을 배제할 수 없다.

이러한 행적에서 불교의 대중화에 대한 용성의 애정을

다시 한 번 확인할 수 있다. 즉 일제의 불교정책은 갈수록 강화되어 가는데도 한국불교계에서는 여기에 능동적으로 대항하지 못한 채 점차 불교의 자주성이 상실되어 감에 따라 선(禪) 자체도 부진의 지경, 아니 멸망의 상태로 전락하고 말았다고 받아들임으로써 불교의 대중화에 더욱 매진한 것으로 보인다.

이러한 이유로 용성은 전통불교의 핵심을 고수하려는 선학원의 창설정신과 활동에 관하여 높이 평가했을 것이다. 그리하여 선학원의 잡지에 선에 대하여 기고를 하고, 설법 및 강연 등을 하였으리라. 용성의 이러한 생각과 활동은, 곧 불교의 대중화라는 큰 흐름으로 보는 것이 오히려 당연할 것이다.

선의 부흥, 만일참선결사회 추진

용성은 출옥하자마자 바로 역경사업을 추진하여 짧은 시일 안에 저술 및 역경 분야에서 큰 업적을 내었다. 그러나 무리한 작업은 끝내 용성의 건강을 해치고 말았다. 특히 당시 불교계에서 후원은 하지 않고 많은 뒷소리와 비협조적인 태도를 보인 것이 용성에게 큰 짐이 되었다. 그리하여 용성은 결과적으로 신경쇠약이라는 병을 얻고 말았다.

결국 역경사업을 당분간 중단하게 되었다. 그렇다고 용

성이 불교의 혁신 및 대중화에서 완전히 손을 놓은 것은
아니었다. 용성이 새로이 착수한 일은 경기도 양주군 도
봉산 망월사(望月寺)에서 개최한 만일참선결사회(萬日參禪
結社會)의 추진이었다. 1925년 6월부터 추진한 이 결사회
의 정식 명칭은 정수별전선종활구참선결사(精修別傳禪宗活
句參禪結社)였는데, 용성이 이 결사를 추진한 근본 의도는
당시 한국불교의 계율(戒律) 파괴와 선(禪)의 몰락을 우려
해서였다. 이러한 현상은 일본불교의 만연과 함께 막행막
식(莫行莫食)하는 승려의 타락에서 비롯된 것인데, 이러한
문제점이야말로 한국불교의 암적인 존재라는 것을 인식
한 승려들이 없었기에 용성이 62세라는 노구를 이끌고
몸소 나선 것이 아니겠는가?

　용성은 만일참선결사회의 추진 방향을 선과 율의 균형
적인 자립(自立)으로 정하고, 당시 불교계의 모순과 행태
를 극복하려 하였다. 우선 용성은 자신의 근거지인 봉익
동 2번지 대각교당을 결사회의 임시 사무소로 정하고, 결
사회의 취지를 『불교』지 14호(1925. 8)에 게재하여 불교계
에 널리 알렸다. 그 내용은 결사회의 결사 선전문, 지원
서, 개칙(槪則) 등이었다.

　용성은 결사 선전문에서 참가할 납자에게 분발심과 대
정진심을 갖고 함께 일대사 인연을 지어 선의 진수를 참
구하자고 호소하였다. 『불교』지 15호(1925. 9)에는 결사회
의 규칙과 입회할 승려들의 주의사항을 자세하게 전하고

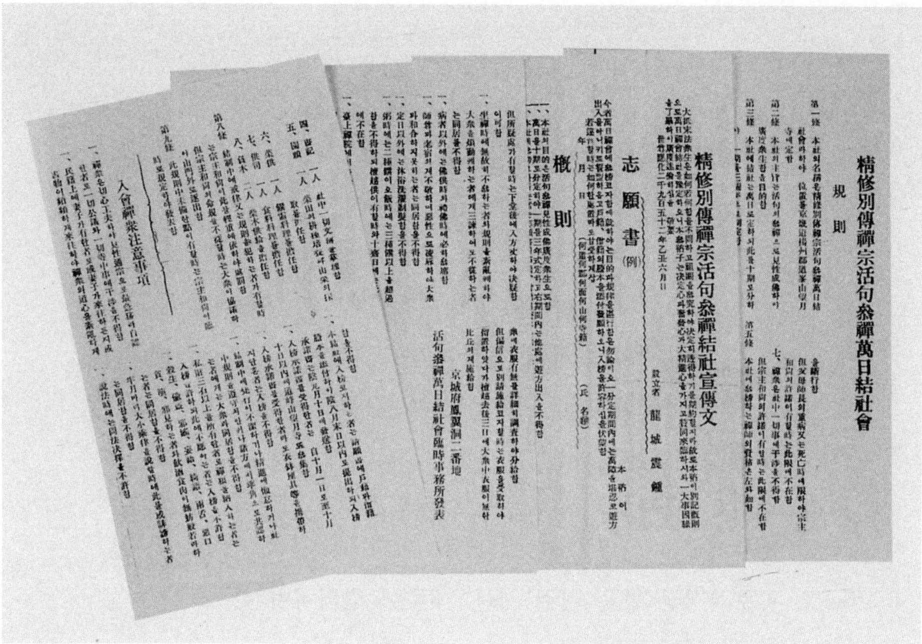

만일참선결사회의 규칙, 선전문, 지원서, 개칙 등을 소개한 『불교』지의 기사. 용성이 이 결사회를 추진한 목적은 선과 계율의 균형적인 재건과 발전을 기하려는 데 있었다.

있는데, 그 주요 내용을 요약하여 소개하겠다. 이 내용에는 용성이 의도하는 바가 잘 나와 있으며 결사회의 정신이 단적으로 드러난다.

- 목적 : 활구(活口)의 참선으로 견성성불(見性成佛)하여 중생을 널리 제도함
- 기일 : 만일(10기)로 정하고, 1기를 3년으로
- 주지선양 : 매월 1일에 종승(宗乘) 거양

  반월마다 대소승(大小乘)의 율(律)을 설(說)

  매월 20일 간화정로(看話正路)의 개시

  오후불식(午後不食)

평시 묵언(默言)

선중(禪衆)은 동구불출(洞口不出)을 단행

선중은 결사의 일에 간섭을 하지 못함

◦ 참가자격 : 『범망경』(梵網經) 사분율을 준수하려고 결심한 자

범행이 청정한 자

정진하려고 노력하는 자

승적, 호적과 의발을 휴대한 자

20~50세의 기력이 건강한 자

◦ 조직 : 종주화상, 수좌화상, 내호법반(참선실 내의 업무),

외호법반(결사의 업무)

◦ 징계 : 결제중 계율 및 규칙을 어긴 자는 경중에 의하여

종주화상이 처벌

종주화상의 명을 어길 시는, 대중이 협의하여 산

문 밖으로 축출

◦ 입회선중 주의사항 :

- 열심히 공부하여 깨달음을 얻는 것을 급선무

로 인정하고, 일체의 여타 일에는 간섭을 하지

못함

- 호적에 처자(妻子)가 있는 자가 처자를 왕래케

하거나 다른 수행자를 문란케 함을 인정하지

않음

- 결제중 범행이 불결하거나, 정진에 태만하거

나, 사중(社中) 규칙을 준수치 않거나, 여러 곳

에서 문제가 많다고 공인되는 자는 대중들과

동거(同居)하지 못함

- 살생, 도적질, 망언, 사기질, 교묘한 언행, 탐욕, 사사로운 견해를 갖고 있는 자와 술과 고기를 먹는 것을 깨달음(반야)에 관계 없다고 여기는 자는 동거치 못함
- 불공시와 예불시는 반드시 참석
- 대중과 화합하지 못하는 자는 동거하지 못함
- 비록 속인이라도 도량 내에서는 오신채(五辛菜)와 주육(酒肉)을 가져오지 못함

　이상의 규칙과 주의사항을 살펴보면 용성이 의도하였던 만일참선결사회의 특성이 잘 열거되어 있다. 이러한 특성은 곧 한국불교의 전통, 그 중에서도 참선을 통한 깨달음을 얻어 중생을 제도하겠다는 결연한 의지의 표출이다. 그런데 특히 유의할 것은 계율에 대해 엄정하게 강조한 점이다. 승려의 결혼은 물론 육식의 단호한 금지,『범망경』의 강조 등은 그러한 실례라 하겠다. 또한 공동체 생활을 파괴하는 행태에 대한 주의사항에서 볼 수 있듯이, 불교를 생활화하려는 굳은 의지가 곳곳에서 보이고 있다.

　용성이 이처럼 하찮은 일과 세부적인 분야까지 지켜야 할 사항으로 지적하고, 규칙으로 정한 것은 곧 당시 불교계에서 이러한 것들이 지켜지지도 않았으며, 지키려는 노력도 하지 않았다는 반증이 아닐까? 계율을 어겨 파계하면서도 그러한 행위가 반야(般若)와 무방하다고 떠들어대

는 부류가 있었음은 용성에게 매우 서글픈 현실이었을 것이다. 그러하기에 용성이 추진한 만일참선결사회는 자연히 한국 선불교의 전통을 회복하고 그 선사상의 맥이 임제종에 있음을 재천명하는 일과 무관할 수는 없었다. 예컨대 당시 『조선불교』 18호(1925. 10)에서 만일참선결사를 소개하는 기사의 제목을 '조선에 임제 전문도량 생기다'라고 한 것은 바로 그러한 사실을 보여준다고 하겠다.

용성의 이러한 활동은 이능화가 『불교』지 31호(1927. 1)에 기고한 「조선불교의 삼시대」에서도 찾아볼 수 있다.

현금 선문(禪門)에 재(在)하는 백용성, 방한암, 백학명 제사(諸師)가 종승(宗乘)을 거양(擧揚)함을 보니 여(汝)는 조선불교가 장래 유망함을 단언키에 주저치 않는다.

즉, 선 계통에서 가장 활발한 업적을 내는 인물의 첫번째로 백용성을 내세웠다. 이는 당시 용성의 활동이 가장 주목받았음을 단적으로 보여주는 예라 하겠다.

이처럼 여러 가지 준비를 마친 용성은 참가 대중을 모집하고, 제반 준비를 하여 1925년 10월 초에 마침내 역사적인 결사회 채비를 마쳤다. 그런데 용성은 선율(禪律)을 엄정히 하면서 오후불식·장시묵언·동구불출 등을 그가 새로이 구상한 규약으로 설정한 것에 큰 의미를 두었다. 이는 결사의 뜻과 그 뜻을 이루려는 생활이 동시에 강조

되었음을 말한다.

한편 용성은 결사를 준비·추진하면서, 부처의 가피(加被)로써 결사 때 예상되는 난관을 극복하려는 심정으로 새로운 계판(戒板)·인장(印章)·불상(佛像)을 조성하였다. 그 일은 용성의 심정을 잘 이해하였던 신도 한봉린(韓鳳獜)의 도움을 받아 추진되었다. 계판과 인장은 보옥(寶玉)으로 만들어졌는데, 계판은 길이와 높이가 각기 3척이었으며 인장은 법왕지보(法王之寶)·천화정맥(千華正脈)·계사지인(戒師之印)·방위지인(防僞之印) 등의 4개였다. 불상으로는 관음성상(觀音聖像)과 지장성상(地藏聖像)을 제작하였다.

이러한 과정을 거친 후 그 해 10월 15일에 계단(戒壇)을 설치하고 수계(授戒)를 하니, 계를 받은 자가 매우 많았다고 한다. 그리고 같은 해 10월 22일에 관음성상을 점안(點眼)하니 참가 대중이 모두 환희하며 경축하였다. 지장성상은 10월 25일에 구체적인 작업을 시작하여 11월 22일에 준공하여 점안하였다. 새로이 조성한 불상 앞에 한 사람씩을 선발하여 만 일 간 기도를 하게 하고, 50여 명과 함께 만일결사를 진행하였다. 그 당시 조성한 관음상과 지장상은 대각사에 보관되다가 지금은 천룡사 부산포교당에 있다.

당시 용성은 이러한 결사를 스스로 말법(末法)의 시기의 '화중생연화'〔火中生蓮花〕라고 자찬하였다. 불교가 퇴

락하고 한국불교의 전통이 무너지는 현실을 불바다로 보
고, 그 결사를 불바다에서 피어난 연화, 즉 보배라 하였
다. 그러나 그 연화는 아직 꽃이 활짝 피지 않은, 즉 만개
를 기다리는 꽃망울 상태였는지라 그 꽃망울이 피어나도
록 정성을 다해야만 되었다. 용성은 그 꽃망울을 피우기
위해 참가 대중과 부지런히 참선을 하여 우리 불교의 전
통을 계승하려고 노력하였다.

그런데 망월사에서 시작한 만일참선결사는 진행 도중
에 문제가 생겨 망월사에서 부득이 통도사로 이전하였다.

그 문제란 망월사가 있는 도봉산의 산림이 보안림(保安林)에 편입되어 그 산의 나무를 사용하는 데 제재를 받은 것이다. 결사회에 참가한 승려가 최소한으로 사용하는 연료로 쓰일 나무 벌채에 대해 제재를 받아야 했으니 3년을 1기로 하는 만일참선결사를 정상적으로 진행하는 것은 거의 불가능하였다. 그래서 통도사의 내원암(內院庵)으로 이전하였으니, 때는 1926년 4월경이었다. 만일참선결사회의 개최 근거지가 옮겨지면서 용성이 정열을 가지고 추진한 역경사업의 조직체인 삼장역회도 함께 옮겨졌다.

통도사로 이전된 만일참선결사회는 많은 어려움이 있었지만 당초 의도한 대로 차분히 진행되었다. 물론 도중에 문제가 없었던 것은 아니었다. 경제적인 어려움이나 그 결사에 참가한 승려들의 나약한 의식 등 여러 가지 문제점이 있었다. 이에 통도사에서도 경제적인 후원을 하였다. 또 당시 통도사 주지였던 송설우(宋雪牛)는 통도사 부속암자였던 내원암과 그 밖에도 네 곳의 부속암자, 즉 성불암·금봉암·안적암·노전을 전부 선원으로 만들면서, 내원암 주실(籌室)이자 만일참선결사회를 주도하던 용성의 관하에 그 암자들을 예속시키기로 결정하였다. 용성의 어려움은 여러 가지 난관을 헤쳐 나감에 있어 용성 자신이 그 모든 것을 해결해야 된다는 것이다.

한편 용성은 결사를 추진하면서도 회령에서 금강계 실시에 참가하는 등 매우 바쁘게 생활하였다. 또한 결사 장소인 내원암에서 『조선글 화엄경』의 번역·실무 작업을 하였으며, 1926년 불교계에 거세게 논란이 일어난 승려의 대처식육 금지에 관한 건백서(建白書) 일로 서울을 왕래하기도 하였다. 그러나 그 결사를 이끌면서 가장 어려웠던 점은 역시 재정적인 문제였다. 물론 통도사에서도 지원해 주었지만 용성 개인에게도 만만찮은 몫이 부담되었다. 1927년경, 용성이 통도사의 경봉(鏡峰)에게 보낸 편지에는 당시 용성의 고뇌가 잘 나타나고 있다.

생(生, 용성)은 금년도에 내원(內院)에 대하여 작년도에 사중(寺中)의 빚으로 쓴 것 중에 7백 원이 선객의 소용 외에 명분 없이 소용되었기에 금년도의 재단조로 7백 원을 주었고, 또 선원에서 부족된다 하여서 4백 원을 주었는데 주지가 사표를 내겠다고 하여서 여러 번 권유해 보았으나 도무지 듣질 않으니 탄식할 노릇입니다. 생은 금년에 선원에 대한 책임은 다하였고 다시 가산(加算)하여 줄 수 없는 형편입니다.

용성의 노력으로 유지되는 내원암의 형편이 적나라하게 드러나고 있다. 그런데 용성을 더욱 힘들게 한 것은 이러한 재정적인 고충보다는 수행하는 대중의 나약한 의식과 결사의 규칙이 제대로 지켜지지 않는 것이었다.

어느 때는 의욕과 기량이 설 곳 없음을 느끼기도 합니다.

더구나 선원 수좌는 한 사람도 합당한 이가 없으니 시절 탓인가 인연 탓인가 또 어찌하면 좋겠습니까? 불법이 스스로 폐지될까 두렵습니다…….

선원시설을 시작한 뒤 만여 원을 소비하였습니다만 주지는 절대로 않겠다고 하니 사중(寺中)에서 알아서 선택하여 내도록 하십시오. 내년에는 수좌의 양식만 공급하고 재단 인조(印條) 일체는 책임지지 않겠습니다. 세상에 하나도 믿을 것이 없습니다. 생(生, 용성)은 정성을 다하여 한 일이온대 3년간 동구(洞口) 밖으로 나가지 않을 것이라든지 오후에 먹지 않을 것 등 온갖 규칙을 모두 스스로 파괴하고 나의 지휘는 털끝만큼도 따르지 않으니 나의 신심도 또한 게으르게 되었습니다.

나 또한 늘그막에 기력이 점점 없어져서 걷기도 어려워지고 심신도 모두 피곤하니 이는 나의 죄보로 불법(佛法) 멸망 시대에 태어난 것입니다.

이렇게 불법에 기진맥진하여 있는데도 서울의 객승들은 이런 사정은 돌아보지 않고 모여들어 먹어대니 스스로 위태로운 지경에 처하여 있는 중에 각처에서 오는 편지는 거의가 각종 청구서들뿐인지라 참으로 불지일자(佛之一字)가 나에게는 커다란 어려움이 되었습니다. 조주(趙州)가 이르기를, "불지일자를 내 즐겨 듣고 싶지 않다"고 했다더니 이야말로 진실이 진언(眞言)이 아닌가 합니다.

이 편지에는 당시 용성이 느낀 인간적인 고뇌와 함께

불법의 타락에 대한 서글픔이 적나라하게 묘사되어 있다. 64세라는 고령에 결사를 추진하면서 경제적인 책임까지 도맡아야 하는 심정이야 오죽하였겠는가? 더욱이 당시 그가 추진하는 일은 어디 이것뿐이랴. 서울에 있는 대각 교당의 확대 발전, 『화엄경』의 번역 및 발간, 함양 화과원에서의 선농불교 실천 등 몸이 열 개라도 부족한 일을 추진하지 않았던가?

그럼에도 이러한 그의 고뇌와 열정은 전혀 이해되지 않으면서 결사의 규칙으로 정한 원칙도 무너지는 것을 보는 용성의 심정은 실로 가슴이 미어졌으리라. 바로 이것이 당시 한국불교의 현주소였다. 용성은 그 때의 심정을, 사방의 산과 들판을 둘러보아도 더불어 계획을 의논할 이도 없다고 술회하였다. 아! 슬프도다, 이것이 만일참선결사회의 지향이었던가?

그러나 용성은 여기에서 좌절하지 않았다. 용성이 해야 할 또 다른 일들이 그를 기다리고 있었다. 그렇기에 노년의 나이에도 아랑곳없이 천천히 그의 길을 찾아야만 했다. 불교의 대중화를 위해 그리고 불교의 민중화를 위해.

식민지 불교에 항거

용성이 찾아간 그 길은 한국불교의 전통을 회복하려는 처절한 몸부림의 여정이었다. 그 몸부림은 결코 누가 알

아주지 않아도 그가 감당해야 할 몫이었다. 한국불교의 전통을 회복하려면 우선 그 전통을 몰락시킨 장본인부터 찾아내야 했다.

그리하여 용성은 그 장본임을 찾아냈으니, 일제의 불교 정책이었다. 일제의 간교한 정책으로 불교 전통이 상실되고 우매한 한국의 승려들은 일본이 펼쳐 놓은 그물에 코를 꿰여서 정신마저 빼앗기고 있었다. 자신이 가는 길이 어디인지도 모르면서 일제의 사슬에 얽매이는 것이 당시 대부분 승려들의 행태였다.

일제시대 한국불교가 지닌 모순의 근원은 승려의 대처식육(帶妻食肉)이었다. 대처식육은 일본불교의 핵심으로, 개화기 이래 일본불교가 한국에 침투하면서 점차 한국불교계에 파급되어 보편화되고 있었다. 승려의 결혼은 당시 한국불교에서는 파계로 규정하고 있었으며, 치탈도첩(褫奪度牒)의 대상이었다. 그러나 일부 승려들은 대처식육을 한국불교의 유신 및 혁신의 방편으로 여기고 아예 공개적으로 주장하기도 하였다. 그렇다고 대처를 한 승려들이 모두 불교의 발전이라는 의식을 가지고 결혼을 한 것은 아니었다. 단순히 승려 개인의 안락한 생활을 위한 파계의 성격에 머무르고 있었다.

그러나 문제는 단지 승려의 파계로만 끝나지는 않았다는 것이다. 승려의 결혼은 주지층에서부터 일본 유학을 다녀온 청년 승려에 이르기까지 하나의 풍조가 되어 갔다. 그리고 또 하나의 모순은 그들이 결혼을 함으로써 불교의 청정한 가풍이 사라지고, 사찰 공동체의 화합정신이 무너졌다는 것이다. 불교계 내의 분열과 갈등의 온상이 되었으며, 나아가서는 사찰 경제 공동체의 기반을 무너뜨리는 요인이 되었다. 결혼하여 처자식을 부양하게 된 그들은 호구지책을 사찰의 경제력에 의지할 수밖에 없었으므로 사찰의 재산은 그들의 사적인 재정으로 변질되었고, 급기야는 사찰의 주지를 비롯한 자리다툼이 빈번히 발생하였다.

이러한 승려의 대처식육 문제는 1926년경에 이르러서는 불교계에 큰 파란이 일어났을 정도로 거센 논란으로 전개되었다. 당시 본산 주지들은 대처를 하면 절대로 주지직에 취임을 하지 못하게 각 사찰의 사법에 규정하고 있었다. 다만 일반 승려들의 대처는 사법에서 애매하게 규정하는 것으로 제한하였으나 실제로는 대부분 묵인하거나 방관하는 형편이었다.

그러나 1919년 3·1운동 이후 급증하기 시작한 일본 유학의 산물로, 결혼한 유학생들이 크게 늘어났다. 귀국 전후에 대부분 결혼을 하였던 그들은 귀국 후 환속하거나 대처생활을 유지하면서 계속 승려로 지내거나, 혹은 연고 사찰의 소임을 맡거나 불교계 학교나 기관 등지에서 교사·포교사로 근무하기도 하였다.

바로 이러한 재일 불교 유학생 출신들이 1925년에 이르러 출신 사찰의 주지를 맡으려는 의도에서 본산 사찰의 사법을 개정하려는 움직임을 보였다. 이에 1925년 가을, 전국 본산급 주지회의가 서울에서 개최되어, 그 문제가 집중 토론되었으나 범어사·해인사·석왕사 등의 적극적인 반대로 목적을 이루지 못하였다. 그런데도 일부에서는 대처자도 주지에 취임이 가능하도록 사법을 개정하려는 움직임을 계속하였다. 심지어는 친일파의 대명사였던 이완용까지 앞장 세우고 있었다. 그들은 불교계의 동의를 얻어 일을 추진하려 하였지만 일부 사찰들의 반대로 성과를 거두지 못하자 이제는 사법 개정의 권한을 갖고 있는 일제 당국에 직접 건의 및 협조를 구하기에 이르렀다.

바로 이러할 즈음에 용성은 사법 개정에 대한 반대 움직임의 전면에 나섰다. 용성이 이제껏 살아온 이력과 추진하고 있는 불교의 대중화와 민중화, 그리고 한국불교의 전통을 고수하려는 의지로 미루어 볼 때 승려의 대처식육은 결코 받아들일 수 없는 문제였을 것이다. 이에 용성은 단호히 나섰으니, 오로지 그러한 움직임을 분쇄시키고 대처식육을 차단하기 위해서였다.

용성은 그와 뜻을 함께 하는 승려 127명과 함께 승려의 대처식육을 금지해 줄 것을 요청하는 장문의 건백서를 작성하여, 1926년 5월 일제 총독부 당국에 제출하였다. 당시 일제 당국의 입장은 승려의 대처식육은 불교계 및

승려 자체의 문제이지 그들이 관여할 바가 아니라는 태
도를 취하면서도, 그것을 신청해 올 경우에는 인정하겠다
는 식이었다. 이렇듯 한국불교의 전통이 완전히 상실되는
위난지기에 용성은 분연히 일어섰다. 그는 장문의 건백서
에 승려 대처식육의 모순과 문제점을 일일이 지적하고,
대처식육이 금지되어야 할 당위성을 웅변하였다.

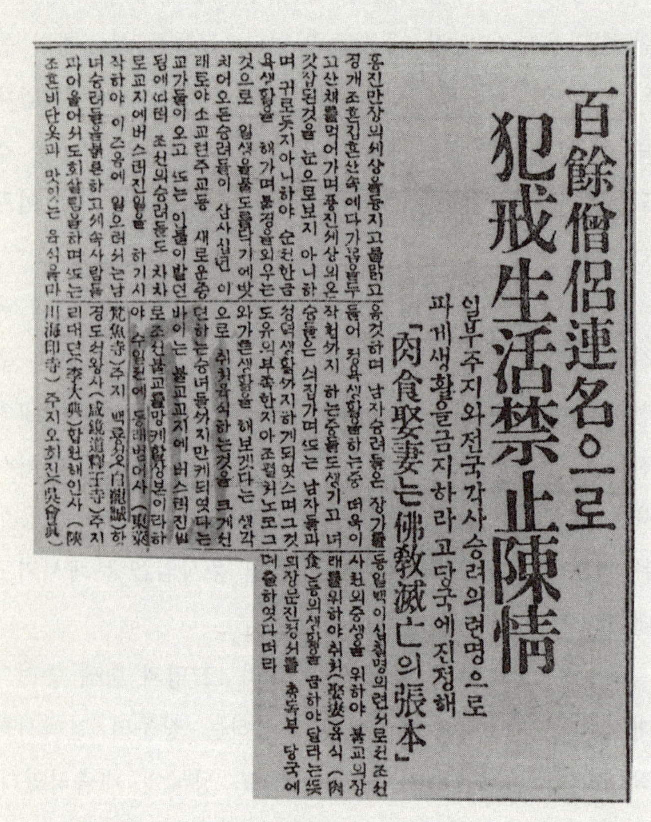

百餘僧侶連名으로
犯戒生活禁止陳情

일부 주지와 전국 각사 승려의 련명으로

「肉食娶妻는 佛敎滅亡의 張本」

백용성의 대처식육
금지 건백서를
전하는 보도기사.

용성은 우선 석가 이래로 대처식육하는 승려가 없었는데 근래에 염치도 없고 권세를 따르는 무리들이 대처식육을 감행하여 청정한 사원을 마굴로 만들었다고 지적한 후, 그 결과 참선·염불·간경 등까지도 전폐하는 지경에 이르렀다고 개탄하였다. 불교에서는 승려와 신도들을 4부대중으로 구분하고 그 중 비구와 비구니만을 출가 대중으로 인정하면서, 그들은 절대 대처식육을 금하고 오직 진리의 계승에만 전념하도록 하였다는 것이다. 그런데 바로 그 출가 대중들이 파계를 하여 청정도량이 오염되었고 불교의 고유 역할도 전폐되었으므로 대처식육을 행하는 부류들을 불가의 '큰적'(大賊)이라고 단언하였다.

용성의 태도는 건백서의 일부 내용인 아래에서 단적으로 나오고 있다.

승(僧)된 자(者)의 지계수도(持戒修道)함은 당연(當然)한 본분사(本分事)이어늘 엇지 사법(寺法)을 개정(改定)하야 대처자(帶妻者)로써 주지(住持)되기를 당국(當局)에 희망(希望)하리요. 기(其) 수치(羞恥)됨은 설단(舌端)으로 괘(掛)키 불능(不能)하도다. 당연(當然)히 단각(斷却)할 것을 단각(斷却)지 아니하면 반(反)히 기란(其亂)을 초(招)하나니 맛당히 절대(絶對)로 대처승려(帶妻僧侶)와 대처주지(帶妻住持)를 엄금(嚴禁)하야 현금(現今)에 폐해(弊害)를 찰(察)하야 후일(後日)의 탄(歎)이 무(無)하도록 할 것이오.

이처럼 용성은 승려가 계율을 지키면서 수도함은 당연하다고 전제하고, 대처자가 사법을 개정하여 주지 되기를 희망하지만 그런 일은 절대 불가하다고 보고, 만약 이를 저지하지 않으면 후일에는 '난'(亂)이 일어날 것임을 지적하였다. 그러므로 대처 주지를 절대로 금해야 된다고 강조하였다.

이러한 건백서의 내용은 불교 교리의 입장에서 승려의 대처식육이 불가함을 천명하면서, 아울러 당시 불교계가 대처식육의 만연으로 모순이 심화되었음도 지적한 것이다. 용성이 이처럼 강력하게 울분에 찬 건의를 했지만 당시 일제 당국은 용성의 뜻을 수용할 의지가 전혀 없었다. 오히려 불교계가 자발적으로 사법의 개정을 요구해 오면 행정 당국으로서는 그것을 거부할 수 없다는 논리를 견지하고 있었다.

당시 불교계에서는 승려 대처식육의 찬반을 둘러싸고 논쟁이 가열되었지만, 본산급 주지들은 대부분 침묵을 지키며 대처식육의 풍조에 따라가는 모습을 보이고 있었다. 『조선불교』(朝鮮佛敎) 27호(1926. 7)~32호(1926. 12)에는 용성의 건백서를 탄원서로 소개하면서, 탄원서의 내용과 함께 승려의 대처식육에 대한 찬반 기사를 연재하였다. 그 찬반의 표명에는 한국 승려뿐만 아니라 일본 승려들도 의견을 말하였으며 일제 당국자도 그들의 입장을 밝히기도 하였다.

한편 용성은 자신의 뜻이 전혀 수용될 기미가 보이지 않자 그 해 9월 제2차 건백서를 다시 제출했는데, 제2차 건백서의 주요 내용을 살펴보면 다음과 같다.

우선 용성은 불교의 계율에서는 대처식육이 절대 금지되었다는 점을 재삼 전제하면서, 그것을 어기면 승려집단에서 축출되는 것이 법률로 인식되었다고 주장하였다. 그런데도 지금 불교계에서는 대처식육의 풍조가 만연하여 청정사원이 마굴로 변하였으며, 승려집단 전체를 돌보지 않아 불교계 모순의 근원이 되었다고 보았다. 그러니 당연히 대처 승려는 비구계를 취소하고 환속시켜, 재가 대중으로 돌아가게 해야 한다고 역설하였다.

그런데 2차 건백서의 내용 중 특이한 것은 이전 1차 건백서에서는 나타나지 않았던 대안을 제시했다는 점이다. 그것은 대처식육이 당시 불교계에 너무 많이 파급되어 그러한 현실을 완전히 부정하기는 어려운 점을 고려한 것이 아니었을까? 특히 대처자가 사원을 장악함으로써 연로한 승려나 수행하는 납자들이 축출되고 방황하는 현실을 직시하여 내린 고육지책으로 보인다. 그 대안의 내용은 다음과 같다.

현금(現今) 조선승려(朝鮮僧侶)의 축처담육자(蓄妻啖肉者)가 사원(寺院)을 장리(掌理)함으로 수행납자(修行衲子)와 년고납승(年高衲僧)은 자연(自然) 구축(驅逐)되여 읍루방황(泣淚彷徨)케 되니 차(此) 수천대중(數千大衆)이 하처(何處)에 안주(安住)호닛가. 자연(自然) 안심(安心)되지 못하외다. 축처담육(蓄妻啖肉)을 엄금(嚴禁)하시던지 불연(不然)이면 지계납승(持戒衲僧)의게 기개(幾個) 본산(本山)을 할급(割給)하야 청정사원(淸淨寺院)을 복구(復舊)하야 지계승려(持戒僧侶)로 안심수도(安心修道)케 하여 주시고 유처승려(有妻僧侶)와 무처승려(無妻僧侶)의 구별(區別)을 조선대중(朝鮮大衆)이 공지(共知)케 하야 주심을 전심(全心) 건백(建白)하나이다.

계를 지키는, 즉 대처하지 않은 승려들을 위한 본산(本山)을 따로 할애해 달라는 요청이다. 그리고 나아가서는 유처승려와 무처승려를 구분하자는 파격적인 내용도 함께 제시하였다. 용성이 이러한 대안을 제시한 것은 계율을 지키며 수도하는 승려들을 보호해야만, 한국 전통불교의 핵심인 선을 계승할 수 있다는 판단에서 나온 것으로 보인다.

용성이 이처럼 불교 전통을 지키기 위해 노구를 이끌고 문제점을 지적하고 그 대안까지 제시하였지만 당시 불교계의 유명한 승려들은 그 누구도 나서지 않았다. 그들의 유구무언(有口無言)은 무엇을 말하는 것인가? 일제의 식민통치에 감히 의견을 내거나 이의를 달지 않겠다는 것이리라. 하지만 한국인의 문화와 정신의 요체인 불교 전통을 지키려는 노력을 전혀 하지 않은 그들의 행동을 어떻게 받아들여야 하는가? 순교(殉教)는 하지 못할망정 최소한의 의견도 내지 못하고 무엇으로 한국불교의 순수성을 지키며 일본으로부터 독립과 자존을 유지하겠다는 말인가. 오히려 파계를 자행하는 다수 승려들과 다를 바 없을 것이다.

그러나 용성은 그가 할 수 있는 일을 다하였다. 두 차례나 일제 당국에 정정당당하게 자신의 의견을 개진하였다. 당시 용성이 건백서의 형식을 빌려 불교의 전통을 지키려는 의지를 보였기에 우리는 해방된 지금, 민족의 자

존심이 담긴 그 때의 회고를 떳떳하게 할 수 있으니 얼마
나 다행스러운 일인가.

　용성의 용기는 실로 한국불교의 명예와 자존심을 지켰
으며, 그 용기는 그가 살고 있는 현실에 대한 뜨거운 애
정의 바탕에서 나온 충정임을 알 수 있다.

『조선글 화엄경』의 발간

용성은 만일참선결사회를 추진하고, 일제 당국에 승려의 대처식육 금지 건백서를 제출하여 불교의 전통과 계율을 지키기 위해 노력하는 한편, 조선글로 된 『화엄경』의 번역과 간행이라는 기념비적인 일을 해냈다.

『화엄경』의 번역, 더구나 순수한 우리말로 재창조를 하였다는 것은 실로 번역사업의 금자탑을 이루었다 할 만하다. 『화엄경』은 한국불교의 사상과 수행에서 가장 대표적인 경전이며, 더욱이 삼국시대 이래 불교사상의 보급 및 재생산에서도 중요한 대상으로 활용된 경전이다. 이러한 의미를 담고 있는 『화엄경』을 순수한 우리말로 번역하고 간행하였다는 것은 용성이 일관되게 실천해 온 대각사상에서 나온 결실이다. 자기 혼자만 깨닫는 것이 아

아니라 일반 민중과 더불어 깨달음의 세계로 나아가려는
숭고한 의지의 발로이다. 이로써 용성의 대각사상은 불교
의 대중화·민중화와 불교 재창조의 길로 단호히 나아가
고 있음을 알 수 있다.

번역을 완료했을 당시 용성의 나이는 64세였다. 당시
그는 만일참선결사회를 망월사에서 통도사의 내원암으로
이전하고, 여러 가지 어려운 상황 속에서도 결사를 무사
히 마치기 위해 노심초사하던 때였다. 그리고 불교계의
대처식육을 반대하는 건백서를 작성해 일제 당국에 건의

용성이 혼신의 힘을
다해 번역하고 간행한
『조선글 화엄경』.
용성은 민족문화의
핵심인 우리말을
지키고 가꾼
파수꾼이었다.

하던 그 즈음이었다. 그러한 가운데서도 시간을 내어 노구를 이끌고 『화엄경』 번역 불사를 완성해 낸 것은 참다운 보살정신이 있었기에 가능했을 것이다.

용성이 『화엄경』을 번역하기 시작한 것은 1926년 4월 17일(음력) 하오 2시였으며, 번역을 완료한 것은 1927년 11월 13일(음력) 오전 10시였다. 햇수로는 2년이었으며, 날짜로는 불과 570여 일이었다. 『화엄경』을 번역한 장소는 통도사 내원암 내 만일선원의 조실 방이었다. 그가 『조선글 화엄경』 제1권의 머리말을 쓴 것은 1927년 5월 그믐이었으며, 제1권의 발행일은 그 해 11월 5일이었다. 또한 마지막 권인 제12권의 발행일은 1928년 3월 28일이었다. 그러므로 『조선글 화엄경』이 당시 세간에 널리 알려진 것은 1928년 3월 말인 셈이었다. 그런데 『조선글 화엄경』 발간에 들어간 비용도 용성 개인의 힘으로 충당한 것으로 보인다. 그 당시 용성이 경봉에게 보낸 편지를 보면 2만 원에 달하는 이 책의 인쇄비를 어느 사원에서도 후원해 주지 않으리라는 것을 이미 예측하고 있었다.

당시 경봉은 용성에게 통도사 내원암으로 돌아와 달라고 간곡히 요청하였으나, 용성은 『조선글 화엄경』 인쇄 때문에 도저히 서울을 빠져 나갈 수가 없다고 하였다. 경봉이 용성에게 돌아와 달라고 요청한 것은 내원암의 만일참선결사회 진행 때문이었을 것이다. 물론 용성도 그 결사를 중요하게 생각하였지만, 대각사상의 보급과 불교의 대중화 차원에서 주관하고 있는 『조선글 화엄경』의 간행 도중에 통도사로 돌아가기는 매우 어려웠을 것이다.

용성은 이처럼 모든 어려움을 무릅쓰고 『화엄경』의 번역과 간행작업에 혼신의 힘을 기울였다. 이러한 각고의 노력으로 1928년 4월 초, 마침내 『조선글 화엄경』을 불교계 및 일반 대중에게 선보일 수 있었다. 당시 용성이 번역 간행한 『조선글 화엄경』에 대하여 『불교』지 43호(1928. 1)는 제12권의 간행을 마치기도 전에 이미 다음과 같이 그 의의를 평가해 보도하였다.

삼장역회에서 조선문 화엄경 간행
백용성 선사의 후반생 필사적 노력의 결정체

조선불교의 경전은 한문경전뿐이므로 불교 진리를 연구하려는 연구자들에게는 그 뜻을 이해하기도 어려우며, 발전과 향상에 막대한 지장이 있어 이 문제점을 깊이 느끼고 통탄히 여긴 백용성 선사(시내 봉익동 2번지 거주)는 64세의 고령임에도 불구하고 노익장의 정열로 모든 주위의 난관과 환경의 복잡한 것을 용감하게 돌파하고 1926년 4월 17일부터 화엄경 번역에 착수한 이래 1년 8개월 동안 여러 어려움을 무릅쓰고 끊임없는 정성과 노력을 경주한 결과 1927년 11월 13일에 번역의 종료를 고하게 되었으며 즉시 일면으로 인쇄에 착수하여 적어도 금년 해(음력) 안으로는 전부가 완성되리라는데 중국불교가 조선에 수입된 이래에 조선문으로 화엄경을 번역하기는 선사가 처음인만큼 장래 조선 불교계에서는 가치로 따질 수 없는 보물인 것만은 일반이 한가지로 기뻐하게 되었더라.

한편『불교』지 43호에는 지일생(之一生)이 용성의『조선글 화엄경』간행에 대해 그 의의를 평가한「조선글 화엄경을 보고」라는 글이 있다. 그 내용을 보면,『조선글 화엄경』간행의 의의를 높이 평가하였음을 알 수 있다.

개인적으로 행원품·지장경·미타경 등 단행본을 번역한 적도 있었지만은 일찍이 화엄경 전부를 번역한 적은 없었더니 이제 백용성 선사가 큰 마음과 큰 발원을 다하여 화엄경 전부를 순조선문으로 번역하여 세상에 내놓고 이름을 '조선글 화엄경'이라 하였다.

이 글의 필자는, 특히 당시 조선의 불교에서 가장 필요한 것은 불교서적에 담겨 있는 불교사상의 대중화라고 이해하면서 용성의 뒤를 이을 계승자가 나타나기를 기원하였다.

조선불교 대 조선사회 조선민중에는 온갖 것이 모두 긴요하게 적절치 아니한 것이 없지만은 시대에 순응하고 민중에 보급케 하려면 오직 서적의 일문(一門)을 제하고는 하등의 묘술이 없는 것은 기교한 지혜를 기다리지 않고도 알 수 있는 것이니라…….

전 조선민족으로 하여금 각각 자기의 근기에 따라 책을 선택하여서 일부일부(一夫一婦)라도 불교의 경전을 보지 못한 자가 없고 알지 못하는 자가 없게 되어서 이에 이르러 조선불교는 다시 불교다워질 것이요, 조선불교도의 신앙이 다시 높아지리라. 바보의 찬미를 받느니보다 현명한 이의 가책을 받는 것이 나으리라.

최후로 조선불교를 위하여 조선사회를 위하여 조선민족을 위하여 용성화상을 축하하노니 조선불교계에 용성화상 일인(一人)이 있는 것을 축하함이 아니라 이어서 제2 제3 내지 무수한 용성과 같은 승려가 세상에 나타나기를 축하하노라.

이제 용성이 『조선글 화엄경』의 간행을 완료했으므로 그를 본받을 후계자가 나와 불교의 광명을 밝힐 때가 되었음을 선언한 것이다. 용성은 그가 해야 할 일이라고 판단한 과업을 다하였다. 용성은 노구를 이끌고 승려의 본분사를 다하였다. 번역이라는 모범을, 일반 민중을 위한 불교의 대중화를, 『화엄경』 번역을 통하여 그의 서원을 마쳤다.

용성의 역경사업은 당시 사회에서는 단연 독보적인 활동이었다. 『불교』지 58호(1929. 4)에 기고된 「역경의 필요는?」이라는 글에서는, 불교 활성화를 기하는 데 역경이 가장 중요하다고 지적하였다. 그러나 당시 불교계에서는 삼장역회에서 자만(自慢)할 만한 '권수'(卷數)를 낸 것 이

외에는 역경의 움직임을 전혀 찾아볼 수 없다고 하였다. 그러므로 용성의 역경, 나아가서 불교의 대중화는 당시 불교를 대표하는 활동이었다.

그러나 용성의 임무는 역경에서 끝나지 않았다. 그는 『화엄경』의 정신을 널리 보급해야 할 과제에 직면해 있었다. 이에 용성은 『조선글 화엄경』의 강의회를 개최하여, 『화엄경』에 담겨 있는 정신을 일반 신도 및 대중에게 알려 주기 위한 노력을 멈추지 않았다.

서울 종로구 봉익동 2번지에 있었던 대각교당의 삼장역회에서 1928년 2월 20일(음력)부터 3월 17일까지 계속된 『조선글 화엄경』 강의회는 용성이 직접 나서서 진행하였다. 당시 용성의 뜻에 동참한 인물은 이춘성(李春城)·이근우(李根雨)였으며, 강의와 강연으로 진행된 행사에는 수많은 청중들이 참여하였다. 그 행사의 회향일이었던 3월 17일 밤에는 대각교당 일요학교 생도들의 축하 여흥까지 벌어졌다.

용성과 뜻을 함께 한 이춘성은 파격적인 언행으로 불교계에 알려진 인물로서 조선불교청년회의 발기인이었다. 이근우는 3·1운동 때 범어사의 학인승려로 범어사의 만세운동에 참가하였고, 그로 인해 옥고를 치렀는데, 동광 수좌로 널리 알려진 승려였다.

용성은 『조선글 화엄경』을 더 널리 보급하기 위해서 1929년 초반부터는 염가로 제공하는 과감성을 보이기도

했다. 기존 12권 1질의 가격 17원 50전을 절반의 가격인 8원에 보급하였다. 그리고 1928년 3월에 『조선어 능엄경』을 간행한 것도 『조선글 화엄경』을 간행한 뜻과 같다고 하겠다.

한편 대각사 조실인 도문과 동국대학교의 한보광 교수는 이 해에 용성이 삼장역회의 기관지인 『무아』(無我)를 창간하였다고 주장하고 있다. 그러나 현재 『무아』지의 원본 및 사본 등은 전하지 않는다. 그런데 당시 재일 불교 유학생들의 학회인 삼장학회(三藏學會)가 1928년 5월 14일에 동경에서 조직되었다. 재일 불교 유학생 단체였던 재일본조선불교청년회의 기관지인 『금강저』(金剛杵) 16호의 「소식」란과 『불교』지 48호(1928. 6)의 「불교휘보」란에도 결성 사실이 전하고 있는 삼장학회는 불교교리 연구기관으로 출범하였다. 재일 불교 유학생이었던 최영환·오관수 등이 주도한 그 학회에서 발행한 격월간 학술지도 바로 『무아』였다. 이 잡지도 현재 원본은 전하지 않고 있다. 따라서 용성이 간행하였다는 『무아』와 재일 불교 유학생들이 발행한 『무아』는 그 성격이 전혀 다르다는 것을 덧붙이고자 한다.

이처럼 용성은 『조선글 화엄경』의 간행, 강의회 개최,

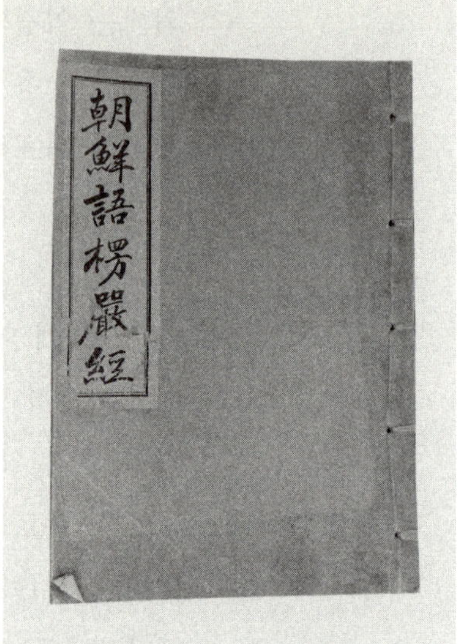

순수한 우리말로 번역, 간행된 『조선어 능엄경』.

책의 염가제공 등을 통하여 『화엄경』에 담겨진 불교사상
의 정수를 일반 대중에게 널리 알려 주기 위해 노력하였
다. 이러한 그의 노력은 불교 대중화의 실천이자 대각사
상의 회향이라고도 할 수 있다.

대각교의 선언

용성에게 1926년 전후는 만일참선결사회의 추진, 승려
의 대처식육 금지 건백서 제출, 『화엄경』의 번역 착수 등
여러 분야에서 혼신의 노력을 기울인 나날들이었다. 그러
나 이 중 『화엄경』의 번역작업은 비교적 잘 진행되었지
만 여타 분야의 일은 용성이 의도한 대로 이행되지 않았
다. 특히 일제 당국에 건의한 대처식육 금지 건백서에 대
한 반응과 결과는 용성에게 큰 충격을 주었다. 일제 당국
은 용성의 주장에 찬성하기는커녕 오히려 대처주의자들
의 주장에 우호적인 입장을 보였으며, 당시 한국불교계의
중진들도 용성의 편에 선 경우가 거의 없었다. 결과적으
로 한국불교의 전통과 계율을 지키려는 용성의 노력에
전연 협조하지 않았으며, 점차 대세에 의해 보편화된 대
처의 대열에 합류하고 있었다.

1926년 후반부터는 31본산들이 서서히 사법을 개정하
여, 대처자도 주지가 될 수 있도록 방관, 계율 파괴의 대
열에 이끌려 가고 있었다. 이러한 상황은 용성에게 참기

어려운 현실이었을 것이다. 이에 용성은 결심하였다. 아니, 이전부터 그가 구상한 바를 실천에 옮기기로 작정하였다. 바로 대각교(大覺敎)의 선언이었다.

드디어 그는 이전부터 구상하고 추진해 온 대각사상을 불교계 내외에 선언하였다. 물론 이러한 선언은 그의 사상을 실천한다는 의미에서 시작하여 나아가서는 대각교의 확대를 의미한다. 용성이 대각교, 대각교당 등을 구체적으로 표방한 것은 이미 1922년부터였다. 용성은 이때를 대각교의 '창립'으로 보았지만, 사회적으로 널리 알려지게 된 것은 그 후인 1927년의 대각교 선언으로 보아야 할 것이다.

한편 용성이 대각교를 표방한 그 이면에는 불교를 보다 새로운 방향으로 발전시키려는 불교에 대한 애정이 담겨 있었다. 그리고 한편으로는 기존 불교계에 대해 환멸을 느끼고 이를 극복하려는 의도도 깔려 있었다. 그래서 그는 해인사와 범어사에 있었던 자신의 승적(僧籍)까지도 과감히 버리는 무적(無籍)의 상황에서 시작하였다. 승적의 포기는 용성의 제자였던 동헌이 직접 겪었던 사실로서 당시 용성은 승적 탈퇴서를 내용증명으로 보냈다고 동헌은 증언한 바가 있다. 또한 용성은 그 당시 호적도 없이 생활하였기에 늘 말썽이 있었지만, 끝내 호적을 갖지 않았다고 한다.

용성의 당시 심정을 보여주는 다음의 편지에는 그가

기존 불교에 대해 느끼는 환멸과 대각교에 대한 그의 입장이 적나라하게 표현되어 있다.

선원의 종주(宗主) 문제는 본 대각교(大覺敎)의 일이 번다하여 부탁하신 청을 들어 드리지 못하오니 양해하시옵소서.
교생(敎生)은 승적(僧籍)을 제거하였는데 그 까닭은 조선 승려는 축처(畜妻)를 하고 고기를 먹으며 사찰 재산을 없앰에 대하여 승수(僧數)에 처할 생각이 없기 때문입니다.

이 편지는 용성이 경봉에게 보낸 것이다. 계율을 파괴하는 기존 불교계에 대한 불신이 기존 승적의 제거와 함께 기존 승수, 즉 불교계에 처할 생각이 없는 것으로 발전하였다.

또한 다음 글 역시 용성이 경봉에게 보낸 편지(1933. 7)의 일부인데, 여기에도 그가 선언하였던 대각교에 대한 생각과 당시의 심정이 잘 표현되어 있다.

보내온 편지의 말씀은 일일이 절실하여 사람으로 하여금 감복하여 저절로 숙여지게 합니다만, 나는 이미 제적(除籍)한 지 오래 되었으므로 다시 상속할 생각이 없습니다.
그러나 노한(老漢)은 대각성전(大覺聖殿)에 대계(大戒)를 버린 것은 아니니 본래 받은 계를 몸과 마음에 굳게 짊어지고 있으므로 대각성존께서 나를 버릴 이치가 없기 때문입니다. 다만 현재 승적에만 제거한 것이며 다시 괘념할 필요를 느끼지 않을 뿐입니다.

　노한은 요즈음 사찰의 제도와 또 2백만 원의 종단 채무를 볼 때 도저히 승려들의 무리 속에 함께 할 생각이 없어져 스스로 제적한 것이요, 대각의 성훈(聖訓)을 버린 것은 아니며, 이미 대각교(大覺敎)를 세운 뒤에 새로 교를 믿는 사람 수만 명을 얻어 부처의 최상 진리를 선포하니 대각교나 불교나 둘이 아닌지라 둘이 서로 방해롭지 않은 것 같습니다.

　경에 이르기를 불(佛)을 대각(大覺)이라 이름하는 것은 일체의 지혜를 갖추었기 때문이라 하니 스스로 외도(外道)가 아닌 것입니다.

　용성이 선언하고 세웠던 대각교는 기존 불교와 서로 다른 것이 아니고, 서로 방해를 하는 것도 아님을 분명히 밝힌 것이다. 또한 대각(大覺)이라 이름한 것도 용성이 새로이 만들어 낸 것이 아니며, 기존 불경에서 불(佛)을 대각으로 칭했던 근거에서 연유하였음도 밝혔다. 용성은 계를 지키며 승려생활을 하고 있기에 부처가 자신을 버릴 이유가 없으며, 그 자신도 계율을 지키면서 지내기에 어떠한 거리낌도 없다는 것을 강조하였다. 그리고 그가 승적을 버린 것은 기존 불교계의 운영과 행태에 대해 강한 환멸을 느꼈기 때문임을 확실하게 밝혔다.

　이로써 용성이 왜 대각교를 새롭게 표방했는지를 분명히 알 수 있다. 그리고 용성의 의지의 일단을 엿볼 수 있

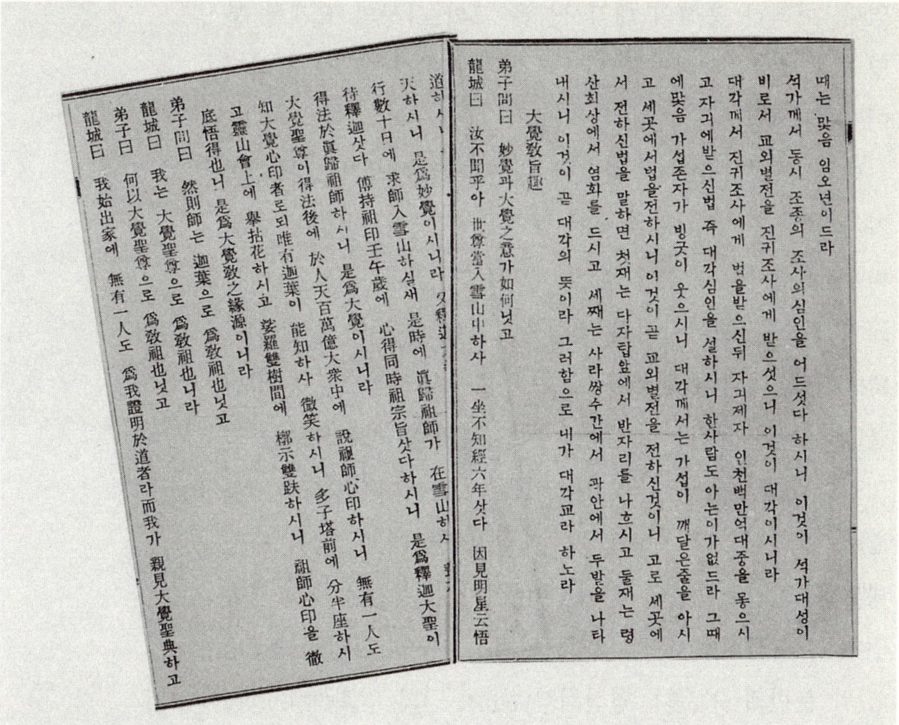
때는 맞음 임오년이드라
석가께서 동시 조종의 조사의심인을 어드셧다 하시니 이것이 석가대성이
비로서 교외별전을 진귀조사에게 받으셧으니 이것이 대각이시니라
대각께서 진귀조사에게 법을받으신뒤 자긔제자 인천백만억대중을 뫃으시
고자긔에받으신법 즉 대각심인을 설하시니 한사람도 아는이가없드라 그때
에맞음 가섭존자가 빙긋이 웃으시니 대각께서는 가섭이 깨달은줄을 아시
고 세곳에서법을전하시니 이것이 곧 교외별전을 전하신것이니 고로 세곳에
서 전하신법을 말하면 첫재는 다자탑앞에서 반자리를 나흐시고 둘재는 령
산회상에서 염화를 드시고 세째는 사라쌍수간에서 곽안에서 두발을 나타
내시니 이것이 곧 대각의 뜻이라 그러함으로 내가 대각교라 하노라

大覺敎旨趣

弟子問曰 妙覺과 大覺之意가 如何닛고
龍城曰 汝不聞乎아 世尊當入雪山中하사 一坐不知經六年삿다 因見明星云悟
道하시 ...
天하시니 是爲妙覺이시니라 又釋迦 ...
行數十日에 求師入雪山하실새 是時에 眞歸祖師가 在雪山하사 ...
待釋迦삿다 傳持祖印壬午歲에 心得同時祖宗旨삿다 하시니 是爲釋迦大聖이
得法於眞歸祖師하시니 是爲大覺이시니라
大覺聖尊이 得法後에 於人天百萬億大衆中에 說祖師心印하시니 無有一人도
知大覺心印者로되 唯有迦葉이 能知하사 微笑하시니 多子塔前에 分半座하시
고靈山會上에 擧拈花하시고 娑羅雙樹間에 槨示雙趺하시니 祖師心印을 徹
底悟得也니 是爲大覺敎之緣源이니라
弟子問曰 然則師는 迦葉으로 爲敎祖也닛고
龍城曰 我는 大覺聖尊으로 爲敎祖也니라
弟子曰 何以大覺聖尊으로 爲敎祖也닛고
龍城曰 我始出家에 無有一人도 爲我證明於道者라而我가 親見大覺聖典하고

대각교 제칭 이유와
그 개요를 밝힌
『수심론』의 대각교
지취(旨趣).
여기에서 용성은
대각교가 기존 불교의
재창조임을 밝혔다.

다. 그리하여 용성은 머뭇거리지 않고 계속 전진하였다. 자신이 구상하고 표방한 대각교의 시행을 위해 자신의 길을 굳건히 걸어갔다.

용성이 내세운 대각사상은 인간의 근본 심성을 자기 스스로 깨치고, 나아가서는 다른 사람들도 깨치게 하는 자각각타(自覺覺他)가 둘이 아니기에 원만하므로 구경각(究竟覺)하다는 것에서 나왔다. 그리하여 본각(本覺), 시각(始覺), 구경각(究竟覺)을 다 깨친 것을 대각이라고 강조하

였다. 이러한 용성의 대각사상은 그의 사상의 요체를 분명하게 밝힌 『각해일륜』의 「대각의 본원심」에 잘 요약되어 있다.

대각사상은 용성이 새로이 창안한 것이라기보다는 석가가 깨달은 마음의 요체인 대각을 표방한 것이다. 이른바 진귀조사설(眞歸祖師說)로 말할 수 있다. 용성은 대각교의 원조를 초역사적인 법신불(法身佛)에 두어 일원상(一圓相)으로 대각의 원조를 그리면서도, 역사적으로는 화신불(化身佛)인 석가모니불에 두기도 하였다. 한편으로는 능인적묵각(能仁寂默覺), 석가대각(釋迦大覺), 대각성도(大覺聖道)로 표현하였다. 이에 그는 대각교 종지의 천명과 수행방법을 진귀조사설에 의거하여 석가가 깨달음의 요체를 전한 삼처전심(三處傳心)의 교외별전, 즉 다자탑전(多子塔前)의 분반좌(分半座), 영산회상(靈山會上)의 염화(拈花), 사라쌍수간(娑羅雙樹間)의 곽시쌍부(廓示雙趺) 등을 제시하였다. 이것을 용성은 대각교의 연원으로 보았다. 이로부터 용성은 스스로 깨우치는 각(覺)에서 출발하여 불(佛)이 곧 대각(大覺)이요, 불교(佛敎)를 곧 대각교(大覺敎)로 주장한 것이다.

그러나 용성이 1927년에 대각교를 처음으로 내세운 것은 아니었다. 이미 그가 출옥한 직후인 1922년 4월 초파일(음력)에 대각교라는 이름을 처음으로 사용하였다. 이후 그는 대각교 '창립'이라는 표현을 수차례나 사용하였으며, 실제 그러한 기록이 전하고 있다. 더욱이 1922년 이후에 대각사를 대각교당, 대각교회로 표방하였음은 이것을 말해 준다 하겠다. 이러한 변화는 그가 1922년 9월 8일 초간본을 낸 『팔상록』에서부터 불(佛)이 대각(大覺)으로 나타나고 있었음에도 확인할 수 있다.

이 문제와 관련해서는 『조선의 유사종교』(조선총독부, 1935)의 대각교 편에 소개된 용성의 「대각교제칭이유서」에 보면 "1922년 4월 초파일부터 대각교의 이름을 '시칭'〔始稱大覺敎之名〕하였다"는 표현이 전하고 있음을 유의해야 할 것이다. 실제로 이 책의 대각교 편에는 1922년에 대각교가 창설된 것으로 적고 있다.

한편 『심조만유론』의 발행처는 경성부 가회동 211번지의 삼장역회로 전하고 있으며, 이는 1921년 9월 25일에 간행되었다. 요컨대 『심조만유론』은 봉익동 2번지로 옮기기 이전인 가회동 시절의 삼장역회에서 간행한 것이다. 또한 1922년 1월 28일에 간행된 『신역대장경』(선한문 금강경)의 간행처도 가회동 211번지의 삼장역회로 기재되어 있다. 이는 활동의 근거지를 1921년의 가회동에서 1922년 3~4월경 봉익동 2번지로 이전하고, 그 해의 4월 초파일을 계기로 봉익동 2번지를 대각교당·대각교회로 표방하였음을 뜻한다. 이러한 사정을 고려하면, 1922년 9월 8일에 초간본을 낸 『팔상록』의 간행처가 봉익동 2번지의 삼장역회로 기재되었음은 오히려 당연한 것이다. 또 1922년

9월 15일에 간행된 『금비라동자위덕경』과 1922년 12월 3일에 간행된 『총지경』(摠持經)의 간행처가 모두 봉익동 2번지의 대각교회로 기재되었음은 바로 그러한 사정을 증명하는 것이다. 따라서 이러한 여러 가지 사정들을 종합해 볼 때 용성이 대각교를 표방한 시점은 1922년 4월 초파일로 보아야 한다.

한편 용성이 1927년 이전에는 기존 불교와 조화를 이루면서 대각교(교당, 교회)를 표방하였지만, 이제는 기존 불교와 차별성을 보이면서 대각교 활성화를 위한 발걸음을 힘차게 내디딘 것으로 보고자 한다.

용성은 우선 대각교의 이론체계를 새로이 구체적으로 정비하였다. 대각교의 유래 및 원천에 대한 기본 개요를 『대각교원류』(大覺敎源流)라는 제목으로 저술하였다. 그리고 『대각교 의식』(大覺敎儀式, 1927)이라는 책자를 발간해, 대각교의 의식 및 신앙체계를 정비하였다. 이 책에는 불교 포교를 원활히 하기 위한 노래가 포함되어 있어 눈길을 끈다. 그 노래는 「왕생가」(往生歌), 「권세가」(勸世歌), 「대각교가」(大覺敎歌), 「세계기시가」(世界起始歌), 「중생기시가」(衆生起始歌), 「중생상속가」(衆生相續歌), 「입산가」(入山歌) 등이다.

이 노래들은 불교사상의 진리와 대각사상을 보급하려고 용성이 직접 작사·작곡한 것들이다. 그가 불교의 대중화를 위해 고민하였던 사정들을 짐작하게 해주는 실례이다. 용성이 이처럼 서양음악 양식에 맞추어 작사·작곡을 하였다는 것은 국악사 측면에서도 매우 중요한 의미를 가진다. 용성이 서양의 음악기법을 수용하여 작사와 작곡까지 할 수 있었던 것은 중국을 순방할 때 만났던 중국인 거사에게 음악적인 소양을 배운 인연에서 기인했다고 한다.

대각교 의식은 순전히 우리말로 집행하도록 했는데, 이는 민족의식 지향이라는 면에서 특기할 만한 점이다. 아울러 노래의 가사는 용성이 추진한 대각교의 취지를 잘 보여주고 있으므로 살펴보겠다.

우선 「대각교가」(전문, 3절)는 다음과 같다.

대각일월(大覺日月) 올라오니 / 억만건곤(億萬乾坤) 황랑(煌朗)하다
만상삼라(萬象森羅) 광명이오 / 육도중생(六途衆生) 안목(眼目)일세
정도사도(正道邪道) 분명하니 / 탄탄대로(坦坦大路) 의심없다

어서어서 오십시오 / 어서어서 믿으시오
우리 자성(自性) 깨치오면 / 팔해육통(八解六通) 구족하며
삼신사지(三身四智) 원명(圓明)하여 / 영겁생사(永劫生死) 해탈하오

호호탕탕(浩浩蕩蕩) 우리 대도(大道) / 상하평등 차별 없어
가가광명(家家光明) 처처(處處)극락 / 즐겁도다 우리 교회(敎會)
만세만세 만만세(萬萬世)는 / 우리 대각 억만세(億萬歲)라

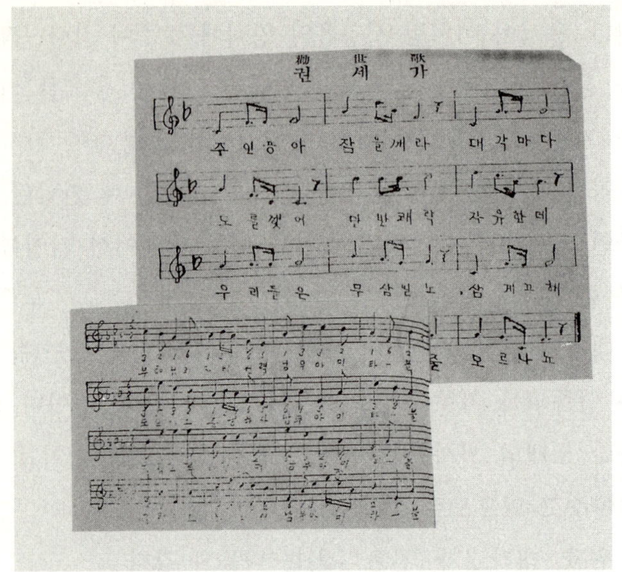

용성이 대각사상의
대중화를 위해 직접
작사·작곡한 노래들.
특히 서양음악의 양식에
맞추어 만들었다는 점에서
국악사 측면에서도
주목할 만하다.

다음으로 「권세가」와 「입산가」의 1절씩을 보면 다음과
같다.

주인공아 잠을 깨오 / 대각마다 도를 깨쳐

만반(萬般) 쾌락 자재(自在)한데 / 우리들은 무슨 일로

삼계고해(三界苦海) 빠져 있어 / 벗어날 줄 모르나뇨

이 시대(時代)가 어느 땐고 / 대각성존(大覺聖人) 말법(末法)이오

오탁악세(五濁惡世) 고해(苦海)로다 / 불전불후(佛前佛後) 우리 인생

가련(可憐)하고 불상(不祥)하네 / 생활난(生活難)과 투쟁난(鬪爭難)이

용성은 이처럼 불교사상 및 대각사상의 보급을 위해

직접 풍금을 치면서 작사·작곡을 하였다. 65세의 노구로 신식 악기인 풍금에 앉아 포교의 대중화, 아니 진리의 민중화를 이루려고 노력한 그 모습을 우리는 늘 기억해야 할 것이다.

그리고 또 하나 주목할 것은 『대각교 의식』에서 불교의 제반 의식에 대한 개요와 설명의 대부분을 한글로 서술하였다는 점이다. 이는 용성의 우리말에 대한 애정과 함께 불교의 사상에 민족의 혼과 얼을 담아 보겠다는 의식의 발로를 엿볼 수 있는 부분이다.

한편 용성은 1927년 대각교를 대내외에 선언하고, 대각교의 사상 및 의식 등을 정비하면서 조직체계도 확대 개편하였다. 기존 대각교당을 대각교 중앙본부로 하고 지부 조직을 설립하였다. 지금도 서울의 대각사에 가면 당시 사용하였던 간판의 실물이 보존되어 있다. 또 지부로 등장한 실례가 만주의 간도(용정)에 설립된 대각교당이었는데, 용성은 이 교당을 건립하려고 1927년 봄에 중국 길림성의 연변지방에 들어갔다. 그 당시 용성은 제자인 동헌에게도 "일본인이 보기 싫어 멀리서 살련다"고 말하였다고 한다. 그러나 이는 핑계에 지나지 않았을 것이다. 그가 궁리한 것은 일제의 압박으로 만주로 이주한 동포들에게 애정을 가지고 그들을 교화하는 문제였다.

연변에서 용성은 교당을 지을 장소 등을 물색하고 교화 대상인 그곳 동포들의 생활상을 둘러보았을 것이다.

이러한 사전 준비를 거쳐 대각교당은 건립되었다. 1927년 9월 11일 오전 9시, 이 교당의 봉불식(奉佛式)이 거행되었음이 『불교』지 40호(1927. 10) 「불교휘보」에 전하고 있다.

용성이 만주에 대각교당을 설립한 것은 만주로 이주하여 갖은 고초를 겪으면서 생활하는 동포들에게도 대각사상을 알려 주려는 의도에서 나온 것이다. 이러한 그의 심정은 그가 경봉에게 보낸 편지에서도 찾아볼 수 있다.

생(生, 용성)은 북간도 용정시에 대각교를 신설하고 포교를 시작하여 혁명적(革命的)인 민중교(民衆敎)로 힘을 쓰고 있으나 심력(心力)이 다하고 금전이 다 되어 도무지 한푼도 없습니다.

즉 용성은 혁명적인 민중교로 만들기 위한 포교활동에 여념이 없었다는 것이다. 여기에서 말하는 혁명적인 민중교는 무엇을 말하는가? 기존 불교의 모순과 병폐를 과감히 벗어 던진 새로운 불교를 지향하는 대각교를 지칭한 것으로 보인다. 한편 용성은 '민중 대각화사업'(民衆大覺化

대각교를 대내외에 선언하고 확대를 도모하면서 등장한 대각교 중앙본부의 현판.

事業)이라고 규정하기도 하였다.

용성이 만주에 대각교당을 건립한 것은 일제의 압제와 침탈로 삶의 근거를 빼앗기고 이주한 동포들을 위로하려는 의도에서였다. 그리하여 그 교당에는 수많은 걸인들도 찾아와 쉬어가는 공간이 되었다고 한다. 그런데 걸인 가운데는 상해 및 만주 벌판에서 독립운동을 하던 인물들이 다수 있었다. 교당이 그와 같이 활용된 이면에는 그 교당을 만주벌판에서 나라의 독립을 되찾으려는 독립군들의 근거지로 활용하려는 용성의 의도가 있었다고 추측된다. 현재 전하는 문헌이 없으므로 단언하지는 못하지만, 추측은 어느 정도 가능할 것이다. 그러한 사정과 관련하여 고려할 인물은 신소천(申韶天)이다.

신소천은 서울 출신(1897년생)으로 1919년 3·1운동이 일어난 직후에 만주의 북간도로 망명하였다. 그는 김좌진이 주도하였던 북로 군정서에 입대하여, 사관훈육부·사관학교 등을 거치고 유명한 항일전쟁인 청산리전투에 참가한 인물로 알려져 있다. 그는 독립운동에 투신하기 전에 이미 『금강경』과 인연이 있었으며, 1924년에는 『금강경』을 읽고 크게 깨달았다고 한다. 바로 이 대목이 그와 용성의 인연을 말해 주는 게 아닐까? 그러나 용성과 신소천의 인연을 전해 주는 문헌 기록이 없는 것이 아쉽기만 하다. 신소천의 속명은 신세순(申世淳)이었는데, 1920년대 중반에는 국내와 만주를 왕래하면서 만주에 있는 대각교당을 다녀갔으며, 그 인연으로 용성을 만났다는 구전이 있다. 당시 그는 독립요원으로 활동하면서 언제인지 알 수는 없지만 그 교당에서 출가하였으며 교당의 관리 책임자로 일하였다고 전한다.

신소천은 1935년 『금강경강의』(金剛經講義)를 국내에서 간행하였다. 그 내용과 수준은 불교계의 지식인으로 유명한 김태흡이 그 책의 서(序)에서, "근래에 드문 법공양"이라고 평한 데에서 미루어 짐작할 수 있다. 신소천의 『금강경』 간행 사실은 『불교시보』 22호(1937. 5)에 정수옥이 기고한 「신소천 선생의 금강반야경강의를 읽고」, 80호(1942. 3)에 이능화가 기고한 「신소천씨의 금강경강의에 대한 소감」의 글에도 전하고 있음을 덧붙이고자 한다.

김태흡은 그 책의 서문에서 신소천을 승려도 아닌 평범한 백의의 거사로 지적하면서, 각황사에서 화엄·기신론 등을 함께 연구한 이력도 소개하였다. 그런데 그는 신소천을 소개하면서 선사(禪師)라는 표현을 하였다. 정식 출가도 하지 않은 인물을 선사로 표현한 것에 대하여는 많은 의문이 있지만, 단언하여 말하기는 어렵다. 그리고 신소천은 그 책의 머리말〔首言〕에서, 자신의 책을 용성이 번역한 『상역과해금강경』과 비교하면서 용성의 저술은 순한글 번역이지만 자신은 약간의 한문을 섞어서 서술하였다고 밝히고 있다.

한편 이 『금강경강의』에 대한 당시 불교계의 평을 살

퍼보면, 신소천과 그의 책에 대한 의의를 확인할 수 있다.
『불교시보』 22호(1937. 5)에 정수옥(鄭守玉)이 기고한 글,
「신소천 선생의 금강반야경강의를 읽고」에는 다음과 같
은 내용이 전한다.

수십 년을 허비한 구참납자라도 불능하며 평생을 위인교
수(爲人敎授)에 바치고 강학에 종사하던 강사로도 능치 못한
불경의 강의록을 재속거사(在俗居士)로서 내게 되었다 함은
참으로 우리 교계를 위하여 근하불기(謹賀不己)할 경사라고
하겠다.

그리고 이능화도 『불교시보』 80호(1942. 3)에 기고한
「신소천 씨의 금강경강의에 대한 소감」의 글에서 신소
천의 약력과 그 책의 성격을 요약하였다. 즉 신소천은 약
관에 중국에 유력(遊歷)하고 귀국하여 불교신앙에 입문하
였다고 소개하면서, 그에 대해 평하기를 정혜사, 지리산
상무주암, 금강산 마가연 등지에서 정진을 거듭한 화중련
(火中蓮)이라 하였다. 또 이능화는, 신소천은 이전 학설에
의지하지 않고 독특한 견해에서 불법의 교리를 천명하였
기에 경향(京鄕) 각지에서 구독자가 답지하고 있는 것이
며, 그렇기에 이후 대승심(大乘心) 혹은 최상승심(最相乘
心)을 갖는 자가 많아질 것이라고 단언하기도 하였다. 이
러한 평가는 요컨대 신소천의 『금강경강의』가 당시에도

긍정적인 평가를 받았음을 시사해 준다.

8·15 해방 이후에 신소천은 좌우의 대립, 민족의 분열을 막기 위한 열정으로 『진리도』(眞理刀)를 출간하였다. 1952년에는 범어사에서 용성을 은사로(위패상좌), 동산을 계사로 하여 정식 출가를 했으며, 대각사의 제2대 주지를 맡기도 하였다. 이후 그는 『활공원론』, 『금강경과 각운동』 등을 펴내면서 용성의 대각사상을 계승하려는 각운동(覺運動)을 입적할 때(1978년)까지 줄기차게 지속하였다. 이러한 전후 사정은 아직 확인할 것도 남았고 미처 밝혀지지 못한 사실도 있겠지만 자료가 부족하여 더 이상의 추론은 어렵다. 그리고 동국대학교 김호성 교수는 『책안의 불교 책밖의 불교』(시공사, 1996)에서 공에 입각한 실천이라는 주제로 신소천의 『금강경강의』를 소개하였다.

한편 대각교를 정식으로 선언한 그 즈음의 용성은 심신이 매우 피곤하였으며, 만주의 교당 건립에 자금을 모두 투입하여 재정적인 어려움도 적지 않았다. 당시 그는 만일참선결사회의 추진이라든가 『화엄경』 번역 및 간행 일을 하면서도 대각교의 지부 창설에 앞장 서고 있었다. 정신적으로, 재정적으로 얼마나 지친 상태였을지 짐작할 만하다. 그가 쓴 편지에서 그의 처지를 느낄 수 있다.

북간도 사업과 함북 나남 사업과 경성 가옥 유지 등에도 맨손으로 심력을 다하는 가운데 『화엄경』 불사를 하니 어느 때는 의욕과 기량이 설 곳 없음을 느끼기도 합니다.

맨손으로 모든 일에 전념하였던 저간의 사정에서 그의 고초가 여실히 배어 나오고 있다. 그런데 이 편지에 나오는 경성 가옥은 봉익동 2번지의 대각교당을 지칭하는 것으로 보이지만 단언할 수 없고, 함북 나남 사업의 내용도 현재로서는 전혀 알 수 없다. 『조선의 유사종교』의 대각교 편에서는 대각교의 포교소를 3개소로 서술했는데 혹시 이곳이 바로 그 포교소인지, 아니면 그가 간간이 선원을 세웠다고 하는데 혹시 선원의 건립에 관한 내용인지는 파악하기 어렵다. 그러나 일제의 압박을 받으면서 국내도 아닌 만주에 교당을 건립하고 운영한다는 것은 결코 쉬운 일이 아니었을 것이다.

이처럼 용성은 대각교를 확대 개편하면서 대각사상 구현에 온 정열을 기울이게 된다. 서울의 대각교당, 즉 대각교 중앙본부에서는 대각사상의 대중화를 위한 다양한 사업을 실시하였다. 대각의 진리로써 일반 민중 속으로 깊이 들어가기 위한 방법을 고민하면서, 용성은 65세의 노구를 이끌고 나섰다.

대각교당, 대각교 중앙본부라는 이름으로 저술 및 역경 사업을 지속한 것도 대각교의 확대 발전과 무관할 수는 없다. 『각해일륜』(覺海日輪), 『청공원일』(晴空圓日), 『수심론』(修心論), 『석가사』(釋迦史) 등이 바로 그 즈음에 쓰여진 책들이다. 특히 『각해일륜』은 1930년 3월 15일에 초간본을 내었는데, 용성 사상의 요체를 속속들이 알려 주는 귀한 저술이다. 용성은 이 『각해일륜』의 머리말에서 대각사상의 요체를 밝히고, 대각사상에 대한 자신감을 확실히 드러내었다.

각(覺)이라는 것은 본각(本覺), 시각(始覺), 구경각(究竟覺)이 원만하여 둘〔二〕이 아님을 말하는 것이고 해(海)라는 것은 깊고 넓어서 헤아릴 수 없음을 말한 것이며 일륜(日輪)이라는 것은 묘한 지혜가 원만하고 밝아서 비추지 않는 바가 없음을 말하는 것이니, 종교·도덕·진리·철학·과학·인과 등을 모두 갖추지 않음이 없으므로 각해일륜(覺海日輪)이라 한다.

즉, 종교·도덕·진리·철학·과학·인과 등을 모두 담고 있는 것이 『각해일륜』이라 하여 대각사상의 보편성을 거듭 주장하였다. 그리고 이 책은 대각사상에 대한 전반의 개요를 대화형식의 구어체로 서술하였으므로 일반 대중이 쉽게 대각사상에 접근할 수 있다는 것이 특징이다. 요컨대 깨달음의 빛이 온 누리에 퍼지도록 한 것이다.

또한 대각교당에서는 방생계(放生稧)가 조직되어, 제6회 방생 및 천도회(薦導會) 행사가 1927년 8월 23일부터 29일까지 개최되었는데 성황리에 일정을 마쳤다. 당시 용성은

용성이 번역하거나
저술한 책들을
선전하는 광고문.

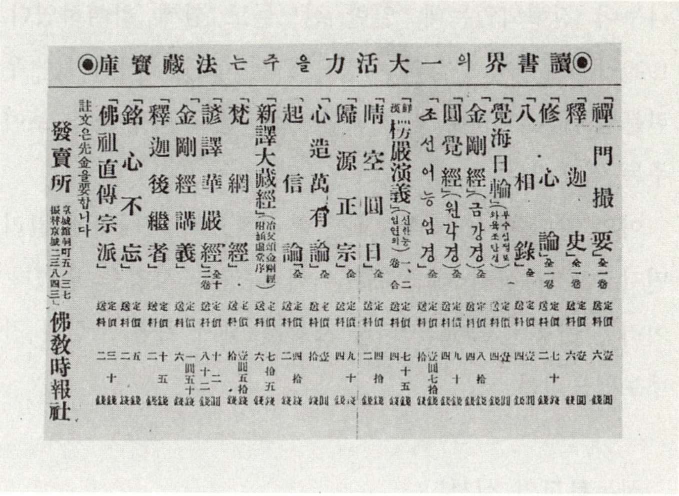

행사 도중에 대중들에게 열변을 토하며 설교를 하여 청중들에게 환희에 찬 감동을 주었다. 특히 회향일인 8월 30일, 인산인해를 이룰 정도로 많은 군중이 행사장인 용산 강변에 운집하였다는 것은 바로 용성의 대각사상의 대중화가 큰 효과를 보았음을 단적으로 말해 준다.

그리고 1928년 4월 15일부터 대각교회에 대각일요학교를 세운 것도 불교 대중화를 보여주는 실례이다. 당시 용성은 대각일요학교의 고문이었으며 교장은 이근우(李根雨), 교사는 이춘성·안수길 등이었다. 대각일요학교의 학생은 80여 명이었으며 그 해 5월 6일에는 학예회도 개최하여 큰 호응을 받았다고 한다. 또한 1929년 4월부터 7월까지 서울의 대각교당에서 하안거 선회를 개최하였다는 것도 주목할 만하다. 하안거 선회는 오전부와 오후부로 나누어 진행되었는데, 일반 신도들도 함께 참여하였다.
1929년 8월경에 용성의 제창으로 선 부흥을 기하려는 우
란분법요(盂蘭盆法要)를 개최한 것도 불교 대중화를 보여
주는 실례이다.

이와 같이 용성은 대각교를 본격적으로 대내외에 알리
면서, 대각사상의 대중화를 위해 다양한 사업을 벌였다.
이러한 활동은 불교를 더욱 새롭게 하기 위한 고심에 찬
행보였으리라.

선농불교의 실천

용성은 기존 불교를 비판하면서 그가 구상하고 추진해
온 대각사상을 실천하기 위해 다양한 노력을 기울였다.
여기에서 살펴보려는 선농불교(禪農佛敎)의 실천도 그 가
운데 하나였다. 이는 당시 불교계가 기존 불교의 재산에
기대어 포교와 신앙활동을 하거나 신도들의 시주에 의존
하여 생활하는 등 기생적인 행태를 보임에 따라 이를 비
판하는 의식에서 나온 것이다. 그리고 또 다른 측면은 대
각사상을 활성화시키는 데 필요한 자금을 직접 확보하려
는 것이기도 하다.

승려의 노동과 불교의 경제적인 자립에 대한 용성의
고민은 일찍이 1910년대부터 있어 왔다. 그가 1916년경
함경북도 북청에서 광산을 경영하다가 실패한 일도 포교

활동에 필요한 자금을 확보하려는 의도에서 나온 것이다. 이러한 배경에서 용성이 1927년부터 경상남도 함양의 백운산에 땅을 구입하고 그곳을 화과원(華果院)이라고 이름 붙이고, 그 땅에서 몸소 노동을 하며 승려의 반농반선(半農半禪)을 실천한 것은 매우 의미가 깊다고 하겠다. 이와 같이 용성이 사원 경영의 혁신을 기하려는 구상에서 시도한 선농(禪農)의 구도는 불교의 혁신뿐만 아니라 추후 닥치게 될지도 모를 경제 파탄 등 미래를 대비하는 문제와도 연관이 있었다.

또한 용성은 1927년에 만주 용정의 명월촌(明月村)과 영봉촌(寧鳳村)에 70여 정보(町步)의 토지를 구입한 후 대

각교당을 설립하고, 거주하는 승려와 동포들이 더불어 노농 공동체 생활을 하도록 하였다. 그런데 이 교당의 70여 정보의 땅을 정확히 언제 구입했는지는 알 수 없다.

용성은 당시 매입한 70여 정보의 땅에서 만주 대각교당의 신도들이 자작자급(自作自給)의 생활을 하도록 유도한 것이다. 그리고 함양 백운산의 황무지와 같은 땅을 구입하여 과수원 등으로 개발하고 노농을 하였음은 바로 승려의 반농반선의 효시라 할 만하다. 매입한 70여 정보는 수천일경(數千日耕)의 토지라 말하기도 한다. 이처럼 승려들의 반농반선을 용성이 몸소 실행한 것은 그의 불교사상과 대각사상의 실천이 구호에만 머무르지 않고 행동하는 것이었음을 단적으로 보여주는 예이다.

용성이 함양군 백전면 백운리의 백운산에서 화과원(華果院)을 설립한 것은 아마 그의 출생지였던 장수군의 번암면과 가깝다는 이유 때문이었을 것이다. 그는 소년 시절에 백운산에 올라본 경험도 있었을 것이다. 백운산은 그가 태어난 곳에서는 가장 높은 산이었으며, 그는 백운산에서 흘러내린 물이 흐르던 냇가에서 노닐며 지냈다. 이러한 인연으로 용성은 선농불교의 대상지로 백운산을 택하였으리라. 용성이 반농반선 실천의 대상지를 화과원(華果院)이라고 이름붙인 것은 중국 선종의 6조인 혜능이 머물던 곳의 이름이 화과원이라는 데에서 연유하였을 것이다. 용성은 혜능의 『육조단경』(六祖壇經)을 번역하여 자신의 저술인 『각해일륜』에 첨부했을 정도로 혜능에 대하여 관심이 많았다.

『각해일륜』에 부록으로 실린, 육조단경의 「번역의 리유를 설명」에 그 사정이 간략히 전한다. 즉 용성이 수행하는 납자로 청천에 뜬 학과 같이 사해 팔방에 훨훨 다니다가, 1884년경 경기도 양주군 고령사에서 이 경을 얻은 후로, 이 경으로 선생을 삼아 도를 닦아왔다는 것이다. 이에 그는 그 경을 대각교의 정신골수(精神骨髓)로 삼아 널리 중생을 구제하려는 목적에서 이 경을 번역하였다고 밝혔다. 여기서의 양주군 고령사는 용성이 1884년경 수행했던 파주의 보광사가 있던 곳의 산이 고령산(高靈山)이었으므로 그 보광사를 고령사로 지칭한 것으로 보인다.

이러한 배경에서 용성은 백운산으로 가서 산림과 황무지 등 수만 평(30여 정보)을 매입하여 땅을 일구고 과일나무를 심고 야채 등을 재배하였다. 용성은 자급자족의 정신으로 열심히 노동을 하였으며, 인근 촌락의 빈민 아동들을 모아 교육을 시키기도 하였다. 당시 용성은 그곳에서 생활하며 자연과 합치된 이상향을 꿈꾸면서 세태의 모순과 비정함에 지친 그의 일생을 여기에서 묻을 각오를 하였으리라. 그리고 신도들의 힘에 의존하여 생활하는 승려의 삶은 도저히 존립할 수 없다는 판단도 하였을 것이다. 그러므로 승려들은 스스로의 노동으로 자기의 삶을 책임지겠다는 정신을 가지지 않으면 안 된다는 의지를

강력히 보여주었다. 용성의 이러한 의식과 활동은『조선
불교』89호(1933. 6)의 백용성 방문 취재 기사에 자세히 전
하고 있다.

　용성의 이러한 판단은 당시 세계의 사조가 급변하고,
한편에서는 반종교(反宗敎)운동 등이 기승을 부리는 때와
맞물려 나온 것이다. 용성은 그러한 사태를 극복하려면
우선 교정(敎政)을 하루속히 새롭게 고쳐야 한다는 인식
을 갖고 있었다. 그리고 그 실천방안으로 선율(禪律)의 겸
행(兼行)과 승려 자신의 노농(勞農)을 주장하였다. 선과 계
율의 동시 실천은 어찌 보면 그가 평생토록 수행하면서
얻은 결론이었을 것이다. 또한 그것이 한국불교 전통의
핵심이라는 것은 만일참선결사회의 추진이라든가 승려의
대처식육 금지 건백서 등에서 여실히 나온 바와 같다. 이
제 그가 고민하고 실행해 온 선율의 겸행에서 또 하나의
행동지침인 승려의 노농을 추가하였다.

　용성은 이미 중국의 선사들이 농사를 지으면서, 수행을
하였다는 것을 익히 알고 있었다. 예컨대 중국에서 새롭
게 일어났던 선종 계열의 고승들이 일일부작(一日不作)이
면 일일불식(一日不食)한다는 실천이념을 갖고 수행에 전
념한 것은 널리 보편화된 담론이었다. 그리고 삼국시대
말부터 고려 초기에 중국에서 불법을 배우고 돌아온 한
국의 고승들은 이러한 실천적이며, 혁신적인 선 수행의
정신을 배워 가지고 왔다. 그들이 이 땅에 뿌린, 바로 그

정신이 이제 천 년을 넘어 용성에 의해서 다시 피어나기 위한 씨로 뿌려지고 있었다.

용성은 승려들에게 농사를 짓거나, 아니면 과수원을 하면서 자작자급하여 타인의 힘을 빌리지 말고 생활할 것을 강조하였다. 그러나 이전 승려들은 노농을 하지 않고 기생적인 삶을 영위하였기에 불교가 흡혈종교, 사기종교, 기생종교라는 평판을 감수하게 되었다고 생각하였다. 그리고 급기야는 아편독과 다를 바가 없다는 혹평에도 어찌할 수 없는 지경에 처하였다는 것이다. 그 결과로 청정한 사원은 마굴로 변하였으며, 술과 고기가 사원에 넘치고, 사리사욕에 몰두하여 마구니가 승려가 되어 불교를 자멸하게 했다는 것이다.

용성은 승려의 노농에 관한 자신의 각오를 다음과 같이 밝혔다.

아! 우리는 괭이 들고 호미 가지고 힘써 노농하여 자작자급하고 타인을 의뢰치 말자.

나는 이를 각오한 지가 20년 전이나 세가 부득이하여 하지 못하다가…….

괭이와 호미를 들고 노농하자고 힘주어 강조한 데에서 용성의 의도를 엿볼 수 있다. 이러한 바탕에서 용성은 한국불교의 전통대로 토지와 재산이 적지 않으니 농업에

힘쓰며, 분수대로 범행, 즉 계율을 지키며 염불·주술·간
경을 행하자고 제안하였다. 이 제안은 불교의 농토가 적
지 않으므로 그 땅에서 농사를 짓고, 포교당을 지으면서
순회 포교사를 두어 포교를 하면 불교의 활성화가 기대
된다는 발상에서 나온 것이다. 아울러 산림에 과일나무를
심으면 풍족한 생활도 기대할 수 있을 것이고, 그렇게 된
다면 불교에 대한 비판도 점차 사라지고 불교 신앙자를
보호할 뿐만 아니라 불교의 발전도 기대된다는 것이다.

한편 우리가 용성의 화과원에서 유의할 점은 그곳에서
나온 잉여재원의 일부가 독립운동 자금으로 흘러들어갔
을 가능성이다. 현재 전하는 문헌 기록은 없지만 용성의
문도들은 화과원의 자금이 중국 상해의 임시정부로 건네
졌다는 구전을 신뢰하고 있다. 이를 뒷받침해 주는 것이
1945년 8월 15일 해방된 후 귀국한 김구 선생을 위시한
임시정부 요인 30여 명(이시영, 황학수, 김창숙 등)이 1945
년 12월 12일 용성의 흔적이 배어 있던 서울의 대각사를
방문하였을 때에 찍은 사진이다.

"그 자리에는 용성스님의 상좌인 혜암스님이 배석했고
동헌스님은 손님 접대를 하느라 바빠서 밖에 계셨어요.
김구 선생은 '용성스님은 이미 열반해 아쉽지만 스님의
크고 깊은 뜻을 잊지 말아야 한다'고 이야기했어요."

당시 그 날의 봉영회에 참석하였던 김홍업 보살(현재
85세)의 회고이다. 이로 미루어 김구 선생이 용성한테 독

독립운동을 지원해 준
용성에게 감사의
뜻을 전하려고
대각사를 찾아온
김구 선생을 비롯한
임시정부 요인들.
1945년 12월 12일.

립자금을 받았다는 것, 그리고 그에 대한 감사의 뜻을 당시 대각사에 주석하였던 용성의 제자인 동헌·혜암에게 전한 것으로 볼 수 있다. 그러므로 화과원은 선농불교의 차원에서도 중요한 곳이지만, 독립운동 자금의 확보라는 측면에서도 큰 의미를 갖는 곳이라 하겠다.

한편 용성은 화과원에 머물면서도 저술 및 역경 작업을 게을리하지 않았다. 『오도(吾道)는 각(覺)』(1938. 3)은 용성이 병중에 있으면서도 바로 그곳에서 저술한 책이며, 1933년 6월 대각교 중앙본부에서 펴낸 『청공원일』(晴空圓

日)도 역시 화과원에서 저술한 책이다. 이
러한 용성의 저술은 대각교 본부에 서적
판매부를 두어 일반 대중에게 보다 효율
적으로 보급하기도 하였다. 1937년 6월
삼장역회에서 간행한 용성의 저술『오도
(吾道)의 진리(眞理)』에는 당시 용성의 심
정을 잘 전해 주는 내용이 있다.

대각교의 요체인
깨달음에 대한 개요를
문답식으로 정리한
『오도의 진리』.

　내가 일체 사람들의 마음병 다스리기 위
하야 십만 권의 경을 발간하야 모든 사람의
게 펴 노왔으니 이 경을 자세히 보고 수행
하면 생사대사(生死大事)를 면(免)하리라. 나는 지금 팔십당
년이라 법문할 수도 없고 경을 다시 번역할 수도 없으니 아
왕 번역하여 노은 경을 아모쪼록 보아 생사를 면케 하시요.

　어느덧 용성은 법문과 번역도 할 수 없는 노년의 기력
이 된 것이다. 그러나 불교를 혁신하고 대중들을 깨달음
으로 인도하려는 그의 열정은 조금도 식지 않았다.
　용성의 선농불교 실천에 대하여 박용하(朴龍夏, 이명 이
운허)는 용성이 입적한 후 발간된『용성선사어록』의 말미
에 첨부한「선농관」(禪農觀)에서 다음과 같이 평가하였다.

　용성선사 일찍 이에 뜻을 두어 금후의 승려의 생활, 즉

총림의 경영이 종래의 방법을 그대로 인습치 못할 것을 간파하고 화과원을 설립하고 간도의 연길 명월촌 영봉촌에 70여 정보의 땅을 구입하여 얻고 교당을 설립하여 승려의 반선반농 생활의 효시를 이룬 지 벌써 15년이라 하니 그 업적의 맞고 틀림은 후인이 뜻과 사업을 받아 잇는 여부에 달렸거니와 용성스님의 뛰어난 탁견은 후일의 모범을 보이고도 남음이 있을지로다.

앞으로 우리 교단의 승려가 선을 닦은 여력으로 여러 작물을 키우는 데 힘써 마른 나무를 치료하는 풍부함을 스스로 마련하는 아름다움을 거론한다면 이는 다 스님이 베푼 일일진저 내가 매번 스님의 이러한 일에 대한 것을 듣고 흠모함을 마지못하였더니…….

승려의 반농반선의 효시를 이루었다는 것과 함께, 선진적인 탁견으로 모범을 보인 선농불교의 실행을 불교계의 기념비적인 사실로 기록하였다. 박용하는 이운허라는 이름으로 널리 알려진 인물인데, 근대의 문호였던 춘원 이광수의 친척이다. 그는 3·1운동 발발 이전부터 만주에서 독립운동을 전개하다 우연한 기회에 불가에 입문한 특이한 이력을 갖고 있다. 박한영이 세운 개운사 강원에서 수학했으며, 이청담 등과 함께 1928년 3월에는 조선불교학인대회를 주도해 강원제도 개선 등 불교교육의 혁신을 위해 활약하였다. 그는 1929년 봄, 다시 만주로 망명하여 독립운동에 전념하다 1930년대 중반에 다시 귀국하였다.

귀국한 후에는 봉선사에서 칩거하며 불교 발전을 위해 노력하였다.

박용하는 봉선사 강원의 기관지였던 『홍법우』(弘法友, 1938)의 창간호에 「종교와 종교인을 논하야 학인의 각성을 촉함」이라는 글을 기고하였다. 그 내용은 당시 승려들의 행태를 비판하면서 승려들도 사적인 생활을 자영(自營)할 만한 실업기능이 있어야 한다고 강조하였다. 즉 승려라는 표면적인 직업을 가지고 대처를 하면서, 처자의 양육을 유일의 능사로 삼고, 이권과 사리사욕에 매달리는 것이 당시 불교계의 풍조라고 개탄하였다. 아울러 조선불교가 쇠퇴하게 된 까닭은 승려들에게 자활할 수 있는 능력이 없었기 때문에 자연히 사원의 재산에 의지하여 처자식을 부양하는 등 기생하는 행태가 나오게 된 것으로 보았다. 그러므로 그러한 문제를 해소하기 위해서는 승려가 자영할 수 있는 기능과 사업을 가져야 하며, 사원의 재산은 순전히 포교 및 교육 등의 불교 발전에만 사용하는 방안을 제안하였다. 이러한 그의 주장은 바로 용성이 추구한 선농불교와 일치하는 바가 크다.

또한 『홍법우』에는 석운애(釋雲涯)가 기고한 「현대에는 반농반선 불교라야 된다」는 글이 전해진다. 운애는 그 글에서 반농반선은 자신이 새롭게 주장한 것이 아니라, 수년 전에 백용성 화상이 주장한 것이라고 지적하면서 일상생활과 직접 관련이 있는 분야에서 찾아야 한다는 취

지로 반농반선을 주장하였다. 따라서 그는 생활을 자작자
급하면서 선에 정진하는 반농반선의 불교를 당시 승려들
이 지향해야 할 과제로 보았다. 이운허와 운애가 제시한
내용은 곧 용성의 선농불교의 정신이 점차 불교계에서도
수용되고, 불교의 혁신방안으로 채택되고 있음을 말해 주
는 것이다.

한편 용성이 세운 화과원은 그 후 6·25전쟁의 참화로
큰 손실을 보았으나, 현재의 재단법인 대각회에서 재건해
놓았다. 화과원은 한국 근대불교의 선농사상 및 승려의
노농실천의 진원지였다. 용성이 주장하고 실천한 선농불

교의 이념은 지금의 불교계에서도 다시금 음미해야 할
귀중한 정신이자 자산임을 깨달아야 할 것이다.

유유자적과 고뇌

용성은 대각교를 대내외에 표방하면서도 선농불교의
실천과 역경 및 저술 활동을 계속하였다. 한편으로는 전
국 각처에서 그를 필요로 하여 부르는 곳이면, 그리고 불
교의 참 정신을 알려 줄 곳이면 어디든지 달려갔다.

1927년 8월 7일, 용성은 경원선의 삼방역 약수포(藥水
浦)에 있는 삼방(三防)포교당의 초청을 받고 강연을 하였
다. 1929년 4월 초파일에는 해인사에서 개최한 설계(說戒)
대회에 설계화상으로 참여하였다. 해인사에서 그 대회를
개최한 목적은 날로 심각해져 가는 승려들의 도덕관념을
바로잡고 계행을 투철하게 유지하기 위해서였다. 계행을
파기하고도 태연자약하고 오히려 호걸처럼 자부하는 악
풍을 근절하여, 승려의 신심과 계행을 회복하려는 의도
에서 출발한 것이다. 이는 용성이 평생 추구해 온 바와
같았기에 기꺼이 갔던 것으로 보인다. 더구나 해인사는
그가 정식으로 출가한 사찰이 아니던가? 그 대회에서 용
성은 법문을 했으며, 2백여 명에게 대승계와 구족계를
주었다.

또한 1929년 6월 7~9일, 평안남도 평양의 유점사포교

당에서 금강계단을 설립했을 때 당시 유명한 고승들을 초청했는데, 용성은 김동선·박보담과 함께 그 계단의 7 증사(證師)의 일원으로 참여하였다.

이즈음 용성은 오대산 석존정골탑묘찬앙회(釋尊頂骨塔廟讚仰會)의 발기인으로 참여하였음이 전해진다. 이 찬앙회는 1930년 5월경에 창립되었는데, 그 취지는 불교도의 신앙을 모아서, 석가여래의 정골을 봉안하고 있는 오대산 적멸보궁(寂滅寶宮)을 영원히 신호(信護)하여 인천(人天)의 복전이 되게 하려는 데 있었다. 그 전후 내용은 『불교』지 81호(1931. 3)의 찬앙회 찬성문, 취지서, 규약, 발기인 명단 등에서 찾아볼 수 있다. 또한 1930년 여름, 용성은 재일 불교 유학생들이 간행하였던 『금강저』(金剛杵)의 발간 지원비 2원을 제공하였다.

한편 용성은 1930년 가을까지 그가 번역하여 출간한 서적 및 저술을 스스로 계산해도 4만 5천 부에 달할 정도로 정열적으로 일한 탓에 심신이 피로하여 잠시 쉬고자 하였다. 그러나 그 해에 『대승기신론』의 번역과 간행작업도 마쳤다. 이렇듯 주위의 간청으로 또다시 번역일을 놓지 못하고 새로운 역경을 하였으니, 바로 『각설범망경』(覺說梵網經)이었다. 이 책은 1933년 1월에 간행되었는데, 그가 심신의 피로를 잊고 이 책의 번역에 착수한 것은 『법망경』이 요컨대 승려의 계율에 관한 내용을 담고 있었기 때문으로 보인다. 달리 말하자면 승려들의 파계, 대

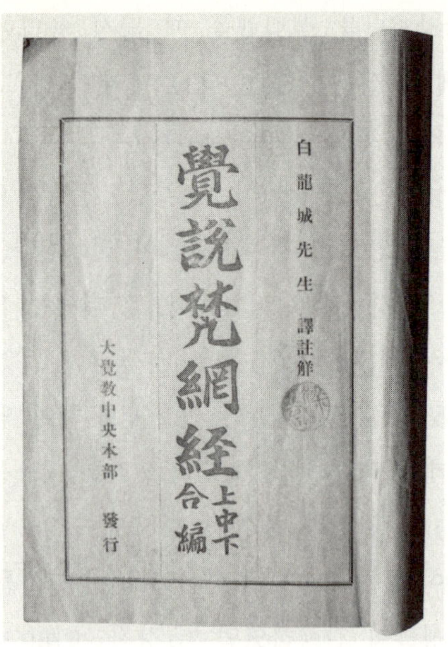

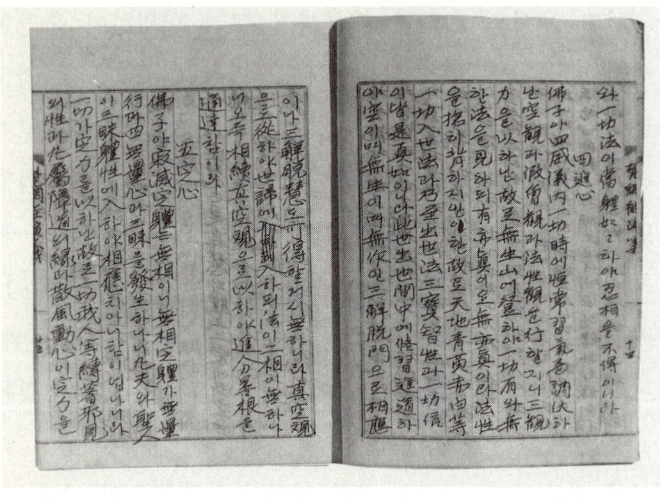

용성이 승려들의
계율 파괴에 대한
각성을 촉구하려는
의도에서 저술한
『각설범망경』의
속표지와 친필 원고.

처식육이 더욱 확대되어 가는 지경에 있었기에 경책을 하려는 뜻이 담겨 있었으리라.

그러나 이러한 모든 일을 추진하면서 용성 자신의 건강은 점점 나빠지게 되었을 것이다. 그럼에도 용성의 불교에 대한 애정은 전혀 식지 않았다. 그 예를 단적으로 보여주는 것이 『불교』지 93호(1932. 3)의 기획특집 기사 「불교 중앙행정에 대한 불만과 희망」에 기고한 글이다. 용성은 그 기획에 「중앙행정에 대한 희망」이라는 글을

『불교』지에 기고한 용성의 글, 「중앙행정에 대한 희망」. 불교교단 혁신에 대한 구상 등 용성이 생각하고 있었던 불교 혁신의 원칙, 개요, 내용 등을 찾아볼 수 있다.

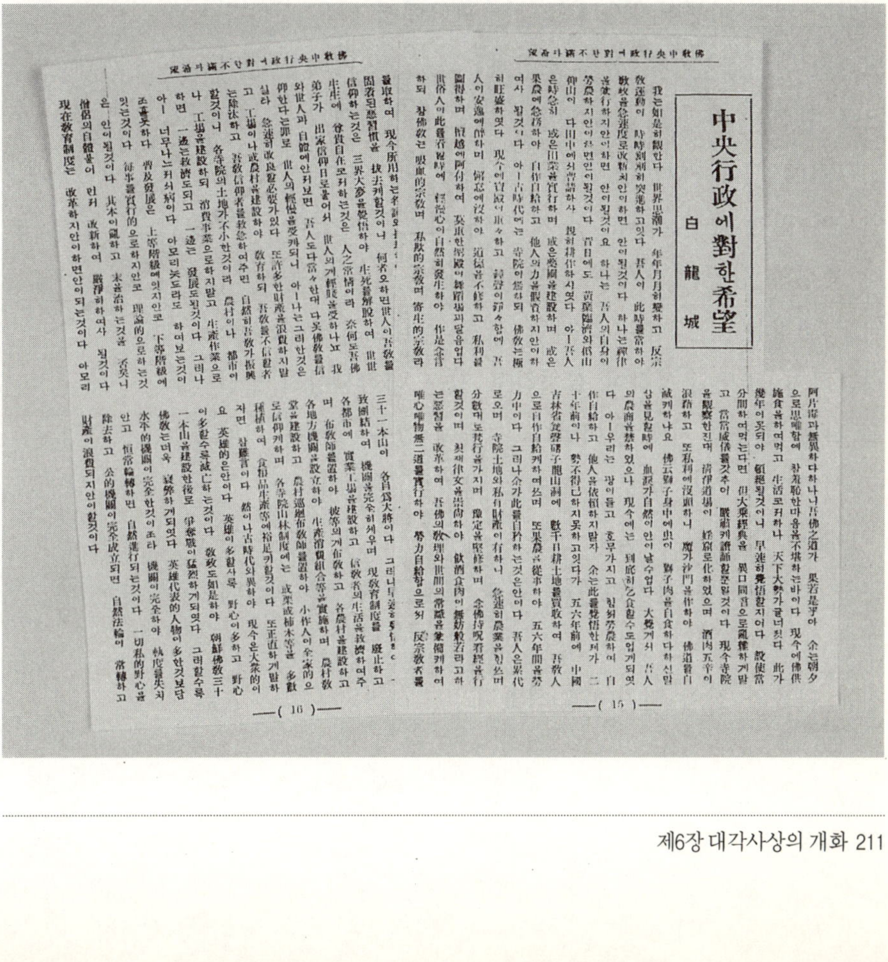
佛敎中央行政에對한不滿과希望

中央行政에對한希望

白龍城

—(16)—

—(15)—

기고했는데, 그 글에서 세상이 급변함을 직시하고 불교 교정(敎政)을 하루속히 개선하지 않으면 안 된다는 입장에서 불교계 개혁에 대한 구상을 밝혔다.

그 구체적인 내용은 계율의 수호, 선농불교의 실천, 교육제도의 개혁, 포교제도의 혁신, 공장 및 소비조합 건설, 산림제도 개선 등이었다. 또한 용성은 그러기 위해서는 반드시 교정의 구도와 내용을 개혁해야 한다고 주장하였다. 이는 31본산이 개별화되어 결과적으로는 불교계의 단결과 통일이 이루어지기 힘들다는 판단에서 나온 것이다. 그리하여 사적인 이기심을 조장하는 제도를 버리고 공적으로 완전한 기관을 만들어야 한다고 주장하였다.

그런데 그가 이 글을 기고했을 때는 이미 범어사와 해인사에 있던 승적을 포기한 지 오래 되었을 때였다. 그러나 용성의 심정은 오히려 담담하였다. 용성은 서울의 대각교 중앙본부, 함양의 화과원, 만주의 대각교당 등지를 왕래하며 그가 구상하여 실천하고 있는 대각사상의 발전을 위해 묵묵히 지낼 뿐이었다. 서울에 있을 적에는 이따금 선학원에 가서 법문과 강연을 하기도 하였다.

1929년 3월 9일, 경봉이 그를 찾아왔다. 그와 경봉은 끈끈한 인간관계를 유지하면서, 특히 불교 발전 및 혁신에 대한 공감대를 나누었다. 당시 용성은 자신의 심정을 사진에 다음과 같이 영찬(影讚)하였다.

물과 산은 너의 모습이며   水水山山爾形
꽃과 풀은 너의 뜻이로다.   花花草草爾意
한가로이 오고 가니   等閑來等閑去
밝은 달 비추고 맑은 바람 불어오네.   明月照淸風拂

물과 산은 그 자체가 부처의 모습이고 꽃과 풀은 그 자체가 조사의 뜻이건만, 용성 자신은 오직 한가로움으로 오고 가는데, 밝은 달과 맑은 바람은 자연의 순리대로 다가온다는 심정을 읊은 것이다. 즉 용성의 의지와 행동이 자연과 합일되어 있는 지경이라고 볼 수 있지 않을까? 적지 않은 역경이 있었지만 용성에게는 그러한 역경을 오직 자연의 이치로 받아들일 여유로움이 있는 것으로 보여진다.

용성의 영찬을 받은 경봉은 감상을 적어 다시 용성에게 보내었으니, 이 얼마나 아름다운 정취인가.

내가 평하기를 종이와 먹으로 합하여 놓았으니 산도 아니고 물도 아니다. 영정이 독로(獨露)하니 꽃도 아니고, 풀도 아니다. 산은 산이고 물은 물일 뿐이며, 꽃은 제 스스로 풀인데 이것이 산과 물이냐. 이것이 스님의 모습이냐, 이것이 꽃과 풀이냐, 이것이 스님의 뜻이냐. 억!

산은 높고 물은 흐르며, 꽃은 붉고 풀은 푸른데 어떤 것이 모습이며 어떤 것이 뜻인가?

다시 스님의 형의(形意)를 일러 보시오.

龍城堂大禪師 眞影

自題
水水山山論形 筆閒來等閒去
花花草草間意 明月眼清風柿

우주가 한쪽·눈이니 宇宙隻眼
어떠한 모습과 뜻을 말할 게 있나. 何形何意
오는 것이냐 가는 것이냐 來耶去耶
물이 흐르고 꽃이 피네. 水流花開

이에 대한 용성의 회답은 다음과 같다.

보내온 글을 책상 위에 두고 며칠을 보며 즐거워하였소. 그러나 이 늙은이는 오랜 동안 번거로운 곳에 휩쓸려서 탐진 번뇌 속에 지내고 있으니 어찌 불조(佛祖)의 도리를 알겠소.

경봉의 화답편지를 보고 즐거워하는 천진난만한 모습, 그리고 속세의 번뇌가 가득 찬 곳에서 지낸다는 회한과 겸손……. 마치 아름다운 국화꽃의 향기처럼 지금의 우리에게도 잔잔한 메아리를 울려 주는 듯하다.

그러나 용성은 부처의 도리와 불교의 진리를 지키고 일깨우는 데 있어서는 조금의 틈도 주지 않았다. 단호하였다. 그 옳고 그름의 경계를 구분하는 데에는 결코 물러서지 않았다. 이러한 심정을 보여주는 글로서 용성이 경봉에게 보낸 편지(1928. 1. 15)에 그러한 단호함이 잘 드러나 있다.

한마디로 하면 처음으로 얻었도다〔始得〕. 근래에 납승들이

도를 깨달았다는 이들 거개는 깨달은 바가 공(空)에서 벗어
나지 않나니. 만약 공과 불공(不空)이 함께 공하야, 공이 역
시 공하고 공이 또한 공하더라도 자기의 참된 성품은 꿈에
도 보지 못하나니 공이 공하고 공이 공이라 하야 이와 같이
전전하여 다함 없이 공하다 하더라도 공을 떠나기 어렵고
심지어 양구(良久) 묵언으로 스스로 증득함을 표현하더라도
옳지 못하니 종사가(宗師家)에서는 이 공하여 말이 없는 것
을 도라 하지 않나니. 공은 도가 아니며 공은 성리(性理)도
아니니 비유하건대 허공 자체가 군상(群相)이 아닌 것과 같
아서 각(覺)의 성리 또한 그렇다.

그러나 몸을 굴릴 일구(一句)를 무어라 해야 하겠는가? 다
시 일구를 기다려서 깨달은 뒤에 수련하는 방법을 간략히
적어 보내 드릴까 하나이다.

당시 깨달았다는 승려들의 경지는 대개 공(空)을 벗어
나지 못하였다는 것이다. 더욱이 깨달음〔覺〕의 경지는 공
(空)한 상태와 묵언 등에서 노니는 것이 아니라는 것을
강조하면서, 깨달음의 흉내를 경계하였다.

당시 경봉은 용성에게 통도사로 내려와 함께 수행을
하자고 수차례 권유하였다. 이는 경봉이 용성을 뛰어난
선지식으로 인정하고 용성을 수행의 지도자로 내세울 작
정에서 나온 것으로 보인다. 여기에 대한 용성의 입장은
다음의 편지에서 잘 나오고 있다.

병납(病衲)은 진뇌에 골몰하다 보니 말씀드릴 게 없습니다. 소위 삼장역회에 대해서는 허가서류를 10여 종이나 얻었습니다만, 단지 자금의 어려움이 한이 되어서 끝맺음을 얻지 못하였습니다. 그래서 금년에는 좌우간 서울에 머무를 형편이고 내년 봄의 이후에나 불가불 산에 머무를 계획이니 양해하여 주시기 바랍니다.

삼장역회의 일에 정력과 시간을 들이고 있지만, 자금사정으로 진행이 여의치 않아 고민하는 용성의 고뇌가 잘 드러나 있다. 그러하기에 병이 났으며, 서울을 떠날 형편도 못 된다는 것이다. 용성, 그도 어찌 입산하여 유유자적의 경지에서 수행 생활하기를 마다하고 싶으랴. 그러나 그에게는 할 일이 태산처럼 남아 있었다. 용성의 몸은 불교의 발전과 혁신을 기하는 일에 매여 있는 처지였던 것이다.

대각교의 해체, 조선불교선종총림

세월은 흘러 어느덧 1930년대 중반에 접어들었다. 당시 불교계는 1929년 1월에 개최된 조선불교선교양종 승려대회에서 제정한 종헌(宗憲)의 실행을 둘러싸고 진퇴양난을 거듭하다 끝내는 종헌의 소멸을 가져오고 말았다. 종헌이란 불교계의 헌법과 마찬가지로, 불교의 조직과 규율 등을 규정한 행동지침이다. 1920년대 초반 불교청년운동 당시에도 불교의 교헌을 제정하려고 노력했으나 자각 부족과 일제의 외압 등으로 별로 성과를 거두지 못하였다.

1929년의 승려대회에서 종헌을 제정한 것은 불교의 자주화와 통일운동이라는 측면에서 큰 의미를 가지는 기념비적 쾌거였다. 그 종헌에서 불교계의 의사를 토의·결정하는 종회와 집행을 담당하는 중앙교무원의 구성 등 불

용성의 사업을
적극적으로 후원해 준
최상궁의 모친상 장면.
상여 왼쪽이 용성.

교계 운용의 대강을 규정하였다. 그 이전까지는 일제가
제정한 사찰령의 틀 안에서 31본산이 분권화되어 불교계
의 통일운동에 막대한 지장을 초래하였다. 그러나 종헌이
제정되었기에 이제 불교계는 그 종헌을 실행하면 되었다.
종헌의 실행은 가시화되어 종회와 중앙교무원이 구성되
면서 종헌에서 규정한 제반 일들이 추진되기에 이르렀다.
  그러나 종헌이 구체적으로 실행되면서 불교계는 종헌
을 추진하려는 세력과 일제의 사찰정책을 수용하려는 세
력 간에 치열한 대립과 갈등이 나타났다. 당시 일제는 그 종헌의 실행을 묵인·방관하면서 사찰령에 저촉되지 않는 범위 내에서는 침묵을 지키고 있었다. 그런데 일부 주지층에서는 그 종헌이 일제의 승인을 받지 않은 것이라 하여 비협조적인 태도를 보였다. 이에 불교계는 종헌의 실행을 둘러싸고 대립하기 시작해 나아가서는 교계의 분권현상까지 나타났다. 마침내 1934년경에 이르러서 종헌은 소멸되었으며, 종헌에서 규정해 운용되었던 조직 및 기관들도 자연히 사라지게 되었다.

한편 일제의 식민통치는 한층 가혹해지면서 불교계에 대한 압박도 심화되고 있었다. 일제는 한국을 강점한 이후 중국까지도 강점하기 위한 준비를 했으며, 그에 따라 1935년부터는 종교계에 대한 탄압과 통제도 더욱 혹독해졌다. 이른바 심전개발운동(心田開發運動)이라는 방편이 활용되었는데, 이 운동은 일제의 제6대 총독인 우카키(宇垣一成)가 제안하고 추진하였다. 그 목적은 중국대륙을 침략하려는 일본을 도와 한국에서도 제반 일들을 준비해야 한다는 목표 아래 종교계를 통제하려는 것이었다.

다시 말하면, 일제의 식민통치에 순응하고 협조하는 종교계로 만들겠다는 것이다. 국체(國體)관념의 명징(明徵), 경신숭조(敬神崇祖)의 사상 및 신앙심 앙양, 보은·감사·자립 정신의 양성 등 심전개발운동의 3대 지표로 내세운 항목만 보아도 그 성격을 단적으로 알 수 있다. 여기에서 규정한 정신은 곧 일제 및 일제의 정책에 대한 우호와 협조를 달리 표현한 말이다. 요컨대 일본 식민통치에 협조하는 '충량(忠良)한 황국신민(皇國臣民)'을 만들겠다는 정책일 뿐 그 이상도 이하도 아니었다. 구체적으로는 심전, 곧 마음을 개발하여 일제의 정책에 우호적인 자세와 분위기를 조성한다는 것이다. 그럼에도 불교계에서는 심전개발운동에 적극 참여하는 과오를 범하였다. 교단의 중진 승려 및 사찰이 협조하는 태도를 보이기 시작했으며, 대중 승려와 불교 신도들도 점차 그 대열에 합류되어 갔다.

일제는 이러한 구도를 실행해 나가는 한편, 종교단체를 정비한다는 명목으로 종교계 탄압에도 박차를 가하였다. 용성의 대각교와 관련해서 주목할 것은 유사종교(類似宗敎)의 탄압이다. 당시 일제는 용성이 추진하고 있는 대각교를 불교로 보지 않고 불교와 유사한 것으로 이해하였다. 그러다 보니 자연적으로 대각교도 일제의 탄압 대상이 되었다. 일제의 손길이 서서히 용성의 주위로 다가오고 있었다.

종교단체의 재산은 기본적으로 국가재산과 반대되는 개념인 사유재산이다. 그러나 공공이익과 국가의 목적에 부합하는 경우에는 국가에서 종교재산을 보호해 줄 당위성을 가지므로 국가는 종교계의 재산을 보호해 줄 의무가 있다. 그러나 대각교의 경우, 일제가 정식 종교단체로 인정하지 않았으므로 재산관리에 문제점이 나타났다. 한

용성 자신의 경험을
바탕으로 마음 닦는
방법을 문답식으로
서술한 『수심론』.

편 종교단체의 재산을 보호받으려면 재단법인으로 등록하면 된다. 이는 곧 국가권력인 일제 당국에 인가신청을 하고, 허가를 받아야 하는 절대적인 절차를 필요로 함을 뜻한다.

이러한 사정이 있었으므로 용성은 대각교의 재산을 보호하기 위해 1934년 9월 10일, 불가피하게 일제하의 신탁은행에 재산을 신탁하였다. 이러한 신탁은 결과적으로 대각교의 활동을 억제했으며, 자연히 용성의 활동도 무디어졌다. 그러나 일제의 탄압이 서서히 침투하는 와중에도 용성은 번역활동을 결코 늦추지 않았다. 1936년에 간행된 책이 『수심론』(修心論), 『석가사』(釋迦史), 『임종결』(臨終訣) 등이니 여기에서 용성의 정열을 새삼 느낄 수 있다.

그런데 대각교의 모순이 내부에서 시작되었다. 늘상 문제는 내부에 있지 않았던가. 호랑이도 자기 몸 안의 벌레 때문에 쓰러지기도 한다. 자신이 믿었던 제자들이 일제의 손아귀에서 놀아날 줄을 용성이 예측이나 하였겠는가. 1936년 일제의 조선총독부가 유사 종교단체의 재산을 압수한다는 이야기를 들은 용성의 제자는 오히려 대각교를 해산하자고 건의하였다. 일제의 탄압과 압력을 이겨내야 할 그들이 도리어 일제의 논리 편에 섰던 것이다.

그리하여 용성은 제자에게 일제의 의중을 분명히 파악할 것을 부탁하였다. 그러나 그 제자는 용성의 부탁을 이행하지도 않고 용성에게 일제의 의지가 단호하다고 전하였다. 용성은 제자의 말을 믿고 대각교의 재산을 보호하기 위한 불가피한 조치로 대각교 전 재산을 범어사에 이전수속하였다.

한편 용성은 일제의 마수가 뻗쳐오는 것을 직감하고 먼 후일을 대비하기에 이르렀다. 1936년, 그의 나이는 어느덧 73세에 달하였다. 승려의 이력도 60여 년이나 되었으니, 죽음의 그림자가 다가오는 것을 느끼지 않았을까? 이에 용성은 그의 법맥을 상속하였으니, 때는 1936년 2월 16일이었다. 대각교 중앙본부에서 거행된 상속식은 관음재일을 이용하여 거행되었는데 당시 용성에게 법을 받은 승려는 다음과 같다.

완규(完圭)　　호 : 동헌(東軒)
정훈(禎薰)　　호 : 도암(道庵)
덕륜(德綸)　　호 : 뇌묵(雷默)
월주(月舟)　　호 : 봉암(鳳庵)

이처럼 용성에게 법을 받은 승려는 이동헌 · 유도암 · 최뇌묵 · 변봉암 등 4인이었다. 이 중 용성의 법과 사상을 올곧으로 계승하고, 용성의 유업을 묵묵히 지킨 이는 이

용성의 제자들.
가운데가 자운스님,
왼쪽이 도문스님,
오른쪽이 봉주스님이다.

동헌이었다고 한다. 그는 충남 부여군 외산면 판교리 출
신으로 1919년 정월에 상경하여 용성을 만난 이후 용성
이 입적할 때까지 시봉하고, 그 후에도 평생 동안 용성의
유품을 지키면서 용성의 사상을 계승하기 위해 부단히
노력한 인물이다.

그리고 『수심론』(1936. 4, 대각교 중앙본부)에는 용성이
본분진리(本分眞理)를 말해 달라는 제자들의 요청에 따라
게송(偈頌)으로 그의 뜻을 전한 내용이 있다. 여기에 나오
는 제자들은 단암(檀庵), 덕운(德雲), 보광(普光), 회암(檜
庵), 도암(道庵), 동헌(東軒), 뇌묵(雷默), 봉암(鳳庵) 등 8인

이다. 그런데 앞의 법맥 상속식 때에는 제자 명단에 없었던 단암, 덕운, 보광, 회암이 그로부터 4개월 후에 등장한 까닭은 무엇일까?

용성에게 법을 받은 승려는 그 밖에도 더 있었을 것으로 짐작되지만 그들이 누구이며, 어디에서, 어떤 인연으로 그리되었는지는 확인하기 어렵다. 용성이 입적한 후 해인사에 세워진 용성의 행적비문에는 은법(恩法)제자와 수법(受法)제자의 인명이 전하고 있다. 그 중 단암, 회암, 덕운은 은법제자로 나오고, 동헌과 도암은 수법제자로 나오고 있다. 따라서 앞의 내용에서 법맥 상속식 당시의 제자는 수법제자로, 『수심론』에 추가된 제자는 은법제자로 볼 수는 있다.

그런데 행적비에는 위의 인물 중 동헌, 도암, 단암 등의 이름은 전하는데, 뇌묵과 봉암 그리고 보광의 이름은 전하지 않는다. 그 이유를 현재로서는 단언하여 말할 수 없다. 행적비에 나오는 제자들 가운데 법맥 상속식과『수심론』에는 나오지 않지만 제자로 소개된 주요 인물을 소개하면 고암(古庵), 인곡(仁谷), 자운(慈雲) 등이다.

한편 용성은 제자들에게 최후로 유촉할 것은 대각(大覺)이라고 말하면서, 계(戒)를 스승으로 삼으라고 힘주어 강조하였다. 그리하여 계를 전하는 이를 스승으로, 도(道)가 아버지에서 아들로 이어져 나가 무궁토록 계승하라는 부탁을 남기기도 하였다. 이는 당시 계율에 관한 의식이 점차 희박해져 가는 불교계의 현실에 대한 강한 부정에서 나온 것이다. 즉 용성은 계율을 지키며 수행하는 이들을 소기(小機)에 집착하는 부류로 비방하고, 심지어는 지계 수행인을 원수같이 여기는 자들이 불교계에 만연하다고 보았던 것이다.

용성이 상속시켰다는 법맥은 선맥(禪脈)을 가리키는 것인데, 당시 용성은 그의 맥이 환성지안(喚惺志安, 1664~1729)에게서 나왔음을 강조하였다. 환성은 조선시대의 고승으로 선풍을 널리 알리다 제주도에 가서 순교한 인물이다. 이 내용은 용성이 입적한 후 한용운이 서술한 용성의 행적비 비문에도 전하고, 그의 법제자였던 동헌도 그러한 사정을 동국대 한보광 교수에게 회고하였다고 한다. 이는 용성의 법맥이 선종 중에서도 임제종을 정통으로 계승한 맥임을 뜻한다.

용성이 전수받았던 계맥(戒脈)은 그의 영향을 받아 출가한 범어사의 하동산(河東山)에게 전하였다. 용성은 그 계맥을 조선 고유의 계맥으로 자부하였다. 그 맥은 대은(大隱)화상, 금담(錦潭)화상, 초의(艸衣)화상, 범해(梵海)화상, 선곡(禪谷)화상으로 내려온 것을 용성이 받은 바로 그 계율의 맥이었다. 계율의 맥을 이은 하동산은 충북 단양읍 산방리 출신으로, 1912년 서울 의학전문학교를 졸업한 신식 학생이었다. 그런데 의학전문학교 재학중 서울에서 포교활동을 하던 용성에게 큰 영향을 받아 불교에 입문하기로 결심하였다. 그는 마침내 학교를 졸업하던 그 해에 범어사에서 용성을 은사로, 오성월을 계사로 하여 출가 득도하였다.

하동산은 용성이 3·1운동으로 일제에 체포되어 감옥에 갇히자 서울로 올라와 망월사 등지에 머물며 용성의 옥바라지를 하였으며, 용성이 출옥하자 홀로 수행의 길을 나섰다. 그는 오대산 상원사, 태백산 각화사 등지에서 안거수행을 하였으며, 이후에는 각처의 선원을 돌며 수행에 힘써 1928년 범어사 조실, 1932년에는 해인사 조실, 1933년에는 범어사 조실로 재추대된 선지식이었다. 또한 한국 선 전통의 수호에도 큰 관심을 가져 선학원에서 개최한 전조선수좌대회(1931년), 선학원이 개편된 조선불교선리참구원(1937년), 고승 유교법회(1941년) 등에 참여하였다.

1936년 11월 18일, 범어사로 내려온 용성은 하동산을 불러 조선 고유의 계맥을 전하고 다음과 같은 전계증을 주었다.

내가 이제 전하는 바의 계맥은 조선 지리산 칠불선원에서 대은화상께서 『법망경』에 의거하여 모든 부처님께 서원하여 받은 청정한 계로서, 7일 동안 기도하니 한 줄기의 상서로운 빛이 대은화상의 정수리 위에 내리었다. 그로 인하여 친히 부처님의 계를 받은 뒤에 금담율사에게 전하고, 초의율사에게 전하고, 범해율사에게 전하고, 선곡율사에게 전하였다.

이렇게 전하여 나의 대에 이르렀으니 이 해동초조께서 전한바, 큰 가르침의 그물을 펼쳐서 인천의 고기를 건진다〔張大敎網 漉人天之魚〕라는 보물 도장〔寶印〕을 가져 계맥과 더불어 정법안장(正法眼藏)을 바로 전하는 신표를 삼아 은근히 동산혜일(東山慧日)에게 부여하노니, 그대가 스스로 잘 보호하고 지녀서 단절됨이 없게 할 것이며, 여래(如來) 정법(正法)과 더불어 세상에 머물러서 다함이 없게 하라.

용성 진종이 증명하노니 동산혜일은 받아 지니라.

이로써 용성은 선맥과 계맥을 모두 나누어 주었다. 동산에게 용성의 계맥이 전계되었다는 것은『불교시보』18호(1937. 1)에도 '조선불교의 계맥직전(戒脈直傳)과 백선사(白禪師)의 전계(傳戒)'라는 제목으로 나오고 있다. 당시 용성이 전해 준 전계증은 현재 범어사에 보관되고 있으며, 그 사진이『동산대종사문집』(동산문도회, 1998)의 화보에 실려 있다.

그런데 1941년에 건립된 용성의 행적비를 보면 동산은 은좌(恩佐)로 나오고 있으며, 전계(傳戒)받은 제자는 경하재영(景霞載英)이라고 나오는데 이 문제는 그 전후 사정을 단언하기 어렵다. 한편 1994년에 건립된 용성 행적비문에는 동산이 은법제자로 새겨져 있음을 덧붙인다. 용성의 선좌(禪佐)에는 경봉(鏡峰), 범하(梵河), 전강(田岡)의 이름도 찾아볼 수 있다.

○大覺敎堂이다시大本山梵魚寺京城布敎所로移轉手續케

市內鳳翼町二大覺敎堂이大本山海印寺布敎所로手續케되엿다고旣報하엿스나 그間當敎堂과海印寺와相互間에係作附로交涉하든것이彼此意見相左도破裂되야시梵魚寺와交涉을進行하야梵魚寺로移轉手續을맛치게되엿다그래서當敎堂이垈地建物及土地와또咸陽잇는院의垈地及建物果樹園과間島龍井村에잇는敎堂及不動林野土地(以上現時價十萬圓假量)을모다梵魚寺에서納케되엿슴으로梵魚寺에서는그代身佛刹式으로京城布敎所에支配하야經營케되엿다한다

대각사가 범어사 경성포교소로 전환되었음을 알린 『불교시보』 기사.

이제 대각교당의 간판을 내리고 그 재산을 적절히 처분할 때가 서서히 다가왔다. 마침내 일제의 압력이 대각교에 철퇴를 가하려는 순간을 맞이한 것이다. 대각교의 총본부가 있었던 서울 봉익동 2번지는 대각교 중앙본부이자 대각교당이었다. 이제 그 간판이 내려지고 새로운 변신을 맞이하게 된 것이다. 본래 처음에는 대각교당을 해인사 경성포교소로 바꾸고자 1936년 7월 16일 해인사 측과 일체의 이전수속을 완료하였다. 그러나 대각교의 동산·부동산 등 재산이 많아 명의는 변경하여도 대각교의 설립 대표인 용성과 용성의 문도 7인이 중심이 되어 포교소 운영과 포교·자선 사업 등을 계속 해나가기로 약속하였다.

그러나 이러한 약속과 사후관리 등의 문제로 인하여 용성과 해인사 간의 이전수속은 물거품이 되었다. 이에

용성은 범어사측과 다시 이전교섭을 하였다. 그 결과 대각교당의 기지·건물, 함양 화과원의 기지·건물·과수원, 간도 용정의 교당·부동산·임야·토지 등 당시 시가로 10만 원에 상당하는 재산 전체를 모두 범어사에 헌납하기로 하였다. 그 대신 범어사에서는 매월 초하루〔每朔〕에 백 원씩 경성포교소에 지불하여 경비로 충당할 수 있게 하였다.

이로써 1936년 11월, 대각교당의 간판은 내려지고 대신 범어사 경성포교소의 이름이 그 자리를 대신하였다. 경성포교소에서는 1936년 12월, 조선불교예술협회가 조직되어 음악·무용·강연 등이 개최되었으며, 불교음악을 활성화시키기 위한 불교 가사를 모집하기도 하였다. 이 같은 활동은 경성포교소의 포교사로 있었던 송병기(宋秉璣)의 주도로 이루어졌다.

한편 그 즈음 용성은 범어사에 있는 내원암의 선원 종주로 취임하였다. 이처럼 용성은 일제의 탄압을 피하려고 일시로 그러한 곤욕을 치르고 있었지만 그가 추구해 온 대각사상의 활성화 및 대각교 표방을 완전히 포기한 것은 아니었다. 그것을 예증하는 것은 대각교당이 범어사로 넘어간 1936년 이후 간행한 『임종결』, 『오도의 진리』, 『오도는 각』 등의 발행처가 삼장역회로 되어 있다는 사실이다. 그리고 『불교시보』 25호(1937. 8)의 「불교시보 창간 2주년의 기관 및 인명」란에 백용성의 주소가 '경성부 봉익동 2 대각교당'으로 기재되었음을 유의할 수 있다. 이는『불교시보』 실무자가 관행적인 것을 무심코 쓴 것이라고도 볼 수 있으며, 혹은 그 시기에 용성이 일부 몰지각한 제자들의 비협조 사실을 뒤늦게 알고 '속은' 것에 대한 반발로 이전의 명칭을 가지고 창간 축하를 한 것이라고 볼 수 있다.

어찌 되었든 용성은 기존의 형식을 갖추어 대각교의 재개를 시도하였다. 그러나 당시 총독부의 학무국에 촉탁으로 근무하고 있던 홍성모는 오히려 일제의 편에 서서 용성의 의도를 방해하였다고 한다. 이렇듯 일제의 보이지 않는 압력으로 용성의 대각교 재개는 어려워졌다.

이때 용성은 차선의 방책을 쓰지 않으면 안 되었는데, 즉 새로운 이름으로 대각교를 추진하는 방법이었다. 이는 명칭이야 어찌 되었든 그 내용의 존속 여부에 더 큰 의미를 부여하려는 심정에서 나왔다고 하겠다. 물론 대각교의 명칭과 간판을 지속할 수 있다면 더할 나위가 없었겠지만, 현실은 이를 용납해 주지 않았던 것이다. 이러한 고민 속에서 대안으로 나온 것이 조선불교선종총림(朝鮮佛敎禪宗叢林)으로의 전환이었다. 그 전환시점은 1938년으로 추정된다. 한편 당시 포교 및 불교언론 분야에서 이름을 떨치던 김대은(金大隱, 이명 김태흡)은 용성이 입적한 후『불교시보』 59호(1940. 6)에 기고한 「고 백용성 대선사의 추모」의 글에서 "칠십오세시(1938년)에 대각교를 해체하고

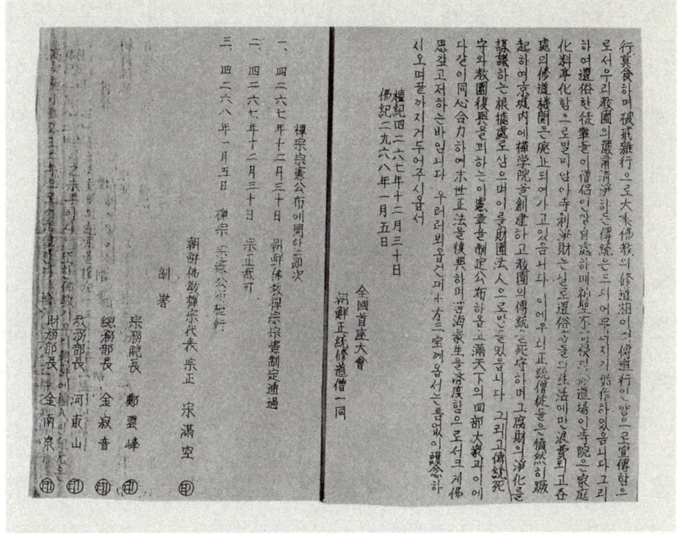

…시오며 끝가지 거두어주시옵서

檀紀四二六七年十二月三十日
佛紀二九六八年一月五日

全國首座大會
朝鮮正統修道僧 一同

禪宗宗憲公布에 關한 節次
一, 四二六七年十二月三十日 朝鮮佛教禪宗宗憲制定通過
二, 四二六七年十二月三十日 禪宗宗憲公布祝行
三, 四二六八年一月五日 禪宗宗憲公布祝行 宗正認可

朝鮮佛教禪宗代表 宗正 宋滿空 [印]
副署
宗務院長 鄭雲峰 [印]
總務部長 金寂音 [印]
敎務部長 河東山 [印]
財務部長 金南泉 [印]

조선불교선종총림을 창설하였다"고 서술하였다.

그러면 용성이 어떠한 사정과 판단에서 '선종총림'이라는 명칭을 표방한 것일까? 이와 관련해서는 당시 선학원의 움직임을 주목하여 살펴볼 필요가 있다. 한국 전통불교의 부흥과 선의 활성화를 위해 창설된 선학원은 재정난으로 1926년에는 범어사 경성포교당으로 변경되었다가, 1931년에 다시 재건되었다. 재건된 선학원은 불교의 대중화에 뜻을 두고 다양한 활동을 벌이다가 1934년 12월 5일, 재단법인 조선불교선리참구원(朝鮮佛教禪理參究院)으로 조직체 변경을 단행하였다.

재단법인으로 조직체를 전환한 선학원 계열의 수좌들은 즉시 법인의 임원진을 구성하는 등 새로운 출발에 대한 여러 가지 문제를 검토하였다. 그 결과 나온 것이 1935년 1월의 새로운 불교종단의 창종과 그 종단의 종헌 제정이었다. 그 종명은 조선불교선종(朝鮮佛敎禪宗)이었으며, 종헌의 이름은 조선불교선종종헌이었다.

이처럼 선학원 계열의 수좌들이 조직체를 재단법인으로 전환한 것은 재정의 자립화를 이루려는 의도였으며, 조선불교선종을 내세운 것은 기존 불교와 차별을 강조하기 위함이었다.

그 차별성에 대한 근거는 곧 기존 불교가 전통불교 수호에 미온적이며, 일제의 식민지 불교정책을 옹호하고 있다는 현실인식에서 나왔다. 따라서 그들은 스스로 조선의 정통 수도승(修道僧)이라는 자부심을 갖고, 한국불교교단의 정통성을 수호하려는 염원으로 새로운 기치를 내세웠다. 이러한 이면에는 일제의 사찰정책으로 인하여 승려들이 막행막식하는 파계행과 대처의 풍조가 만연되었다는 비판의식이 개재되었다. 따라서 선학원을 교단의 전통 사수와 부패의 정화를 모의하는 근거지로 삼으려는 의도에서 새로운 창종을 구체화시킨 것이다.

용성은 이러한 뜻을 갖고 있는 조선불교선종의 총림(叢林)을 표방한 것이다. 그러므로 일단 용성의 그러한 표방은 선학원측이 갖고 있던 현실의식 및 항일의식의 흐름이 나타난 결과로 보고자 한다. 그러나 용성이 총림을 표방함에 있어서 선학원측과 교섭이 있었는지, 아니면 동

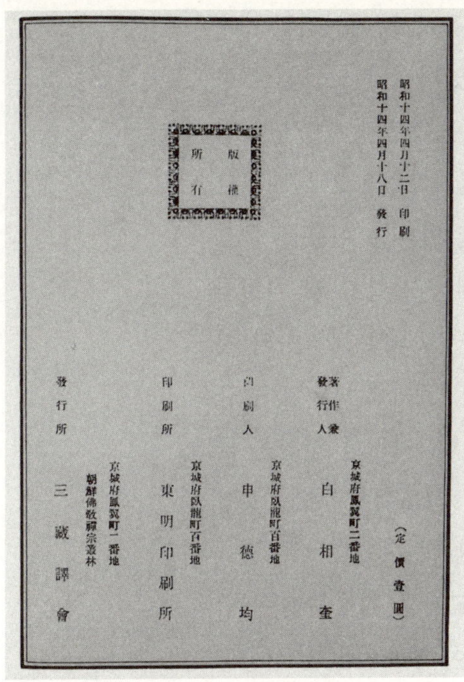

1939년 4월 18일에 발행된 용성의 저술 『지장보살본원경』의 판권. 발행처를 경성부 봉익동 1번지 조선불교선종총림 삼장역회라고 표기해 놓아 대각교가 조선불교선종총림으로 전환되었음을 보여준다.

의와 묵계 등이 있었는지에 대해서는 확인할 수 없다. 다만 용성이 일생 동안 추구해 온 뜻과 활동이 선학원의 움직임과 배치될 수는 없다고 볼 수 있으며, 동일한 고민을 함께 한 결과가 동일한 방향으로 흘러갔다고 말할 수 있지 않을까?

그러므로 용성이 기존의 대각교를 해산하고 조선불교선종총림을 내세움으로써 요컨대 명칭은 변경되었지만 이전에 그가 추구한 정신은 온전히 유지되었다. 하지만 그 총림을 표방한 시점은 단정하여 말하기 어렵다. 『불교시보』 42호(1939. 1)의 「근하신년」란에 "경성부 봉익동 2 조선불교선종총림"이라는 표현이 전하는 것을 보면, 일단 1938년 말 이전에 전환되었다고 볼 수 있다. 또한 1939년 4월 18일에 발행된 용성의 저술인 『지장보살본원경』의 말미에도 선종총림이라는 표현이 전하고 있다. 즉 『지장보살본원경』의 발행처를 '경성부 봉익동 1번지 조선불교선종총림 삼장역회'라 하였던 것이다.

한편 한보광 교수는 그의 저서 『용성선사연구』(감로당,

1981, pp. 110~112)에서 1938년에 대각교가 해산되었으며, 1939년 4월에 선종총림으로 개명되었다고 적고 있다. 한 교수는 그 근거를 1939년 4월 조선총독부가 종교단체법을 제정하여 국가 공인 종교제를 실시하였으므로 대각교로서는 더 이상 버티어 나갈 수가 없었다는 이유를 들고 있다. 종교단체법의 요지는 종교단체를 설립할 때 이전의 신고제에서 허가제로 전환한 것이다. 그리고 교역자의 자격도 총독부의 인가를 받아야 되며, 교규(敎規) 및 종규(宗規)도 허가를 받아야 된다는 것이다. 이러한 전환은 곧 종교계를 황민화정책에 동원하려는 의도에서 나온 것임을 쉽게 알 수 있다. 다시 말하면, 일제는 종교보국(宗敎報國)이라는 명분으로 침략전쟁에 종교계를 활용하려는 의도를 관철한 것이었다. 그러나 용성이 주도하였던 선종총림은 일제에 협조할 수 없는 형편이었으므로 앞으로의 노선에 대하여 심각한 고민을 하였을 것이다.

그러나 그 전후에 대한 확실한 증거가 없는 상황에서 당시의 움직임을 쉽게 단언하기는 어려운 실정이다. 그리고 선종총림을 표방한 이후, 이전 대각교의 재산 전부가 다시 환원되었는지도 단언하기 어렵다. 함양의 화과원, 대각교당의 건물과 토지 등의 귀속 및 소유권의 변동에 대해서도 현재로서는 확인하기 어렵다.

한편 이즈음 용성의 행적에 대하여 대각사 주지인 도문은 『대각』 200호에서 새로운 주장을 하고 있으니, 용성의 독립운동에 대한 문제이다. 요컨대 용성은 대각교 활동을 억압당하고 있었으므로, 중국을 방문하여 독립운동 전략을 새롭게 수립하였다고 한다. 당시 중국은 국공합작(國共合作)을 하던 시기였으므로 용성은 국민당의 장개석과 공산당의 모택동을 따로 만나, 윤봉길 같은 청년을 양성하여 중국측과 합동훈련을 받은 후에 공동으로 일본군에 대항하자고 제의하였다는 것이다. 그러자 중국측도 동의하여, 우선 조선 청년을 먼저 중국의 비밀장소에 보내주면 중국측이 훈련을 담당하겠다는 밀약을 맺고 귀국하였다고 한다.

그런데 이 주장도 문헌의 기록이 아닌 구전에 의존한 것이다. 도문은 1998년 3월 13일 대각사에서 개최된 대각사상연구원 개원 기념 세미나에서 발표한 「백용성조사님의 사상」이라는 글에서 그 내용을 발표하였다. 또한 윤봉길은 상하이 홍구공원에서의 의거 전에, 즉 임시정부의 김구를 찾아가기 전에 먼저 용성을 만나 나라를 위해 몸을 바치기로 결심하였다는 것이다. 이 사실을 이해하는 데에는 용성을 임종 때까지 시봉한 동헌의 고향이 예산이었는데 윤봉길의 고향도 예산이며 윤봉길의 호가 매헌이라는 점이 유의할 부분이 아닌가 한다. 요컨대 동헌과 매헌의 호가 유사하고 동향이라는 점에서 혹시 동헌을 매개로 윤봉길이 용성을 만났을 가능성을 상상해 볼 수 있는 것이다. 이 모든 사실을 입증할 만한 문헌 기록이 나오면 용성과 윤봉길의 사상과 독립운동에 대한 새로운 지평이 열릴 것이다.

분명한 것은 용성이 76세의 노구를 다시 추스르고 대각사상의 구현을 위해 일어섰다는 점이다. 선종총림이라는 명분과 간판을 가지고 말이다. 이것은 용성이 평생 추구해 온 한국불교의 전통 사수와 항일불교의 지향이기도 했다. 그러나 이러한 움직임과 고뇌는 용성과 대각교로서는 최대의 시련이었다.

용성의 유언과 입적

용성은 식민통치의 외압을 무릅쓰고 그가 가야 할 길을 향해 앞으로 나아갔다. 그 길은 가시밭길이었으며, 끊임없는 외로움의 길인 대각사상 대중화의 여정이었다. 그 누구 하나 거들어 주거나 도움을 주는 이를 찾아보기도 어려웠다. 그러나 용성은 일제의 간교한 술책과 죽음의 그림자가 다가오는 것을 예견하고도 묵묵히 자신의 길을 갔다.

그 와중에서도 용성은 번역 및 저술 작업을 계속하였다. 『오도는 각』, 『오도의 진리』, 『지장보살본원경』, 『천수경』(千手經), 『육자영감대명왕경』(六子靈感大明王經) 등은 용성이 처절한 고통을 겪으면서도 완성한 성과물들이다. 또한 이러한 성과물의 간행처가 삼장역회로 되어 있는

용성의 노년 모습.

것을 보면, 대각교의 존립이 위태로운 지경에서도 용성은 자신에게 부여된 사명을 완수했다고 보여진다.

마침내 일제의 압박이 용성을 향해 서서히 다가왔다. 일제의 군국주의가 한층 기승을 부리고 불교계에 대한 통제와 탄압도 거세어졌다. 그러나 용성은 일제에 협조하기는커녕 대각사상의 활성화라는 명분 아래 민족불교 지향을 멈추지 않았다. 자연히 일제가 용성을 대하는 싸늘한 감시의 눈초리는 차가운 겨울바람처럼 매서웠을 것이다. 결국 그 압박이 만주의 대각교당에서 가시화되기에 이르렀다.

만주의 대각교당은 이주 동포들의 정신적인 구심점 역할을 했을 뿐만 아니라 만주지역에서 활동하던 독립군들의 휴식처 및 은신처 역할도 하였다. 이에 일제는 언젠가 그 꼬투리를 잡아 용성과 대각교당을 제거할 작정으로 기회를 엿보고 있었을 것이다. 그리하여 일제는 용성이 병 치료를 위해 자주 왕래하는 서울의 천일당 약국의 직원을 매수하여 용성에게 접근하게 하였다. 매수된 직원은 용성에게 감화받은 것처럼 위장하여 마침내 용성의 환심을 사는 데 성공했다. 용성은 그 자를 만주 대각교당의 농장 관리장으로 파견 보냈고, 그로 인해 일제의 마수에 걸려들게 되었다. 용성이 일제의 마수에 걸린 제자 때문에 큰 고초를 겪었음은 대각사의 승려 경운(耕雲, 93세)도 말한 바 있다.

결국 대각교당이 독립운동의 거점 역할을 했다는 사실이 백일하에 드러났고 그곳을 거점으로 활동했던 우국지사들이 일망타진되는 민족의 비애를 겪게 되었다. 또한 그 근처 마을에 거주하던 동포들도 독립군에게 음식을 제공하고 혹은 비밀연락 등에 협조해 온 사실이 드러나게 되었다. 일제는 그곳의 일본 경찰과 군인을 동원해 그 농장과 촌락을 모두 불태워 버렸다. 그리하여 지금도 중국의 그 지역에서는 그 일대를 일제에 의해 절단 났다고 하여, '절단부락'으로 부르고 있다.

이러한 소식을 전해 들은 용성은 허탈감과 배신감으로 마침내 몸져 눕게 되었다. 그러나 다음과 같은 부탁의 말로써, 그의 도리를 다하고자 하였다.

내가 해야 할 교화는 다 마쳤으니, 대각응세 기묘년 서기 1939년이 절단이 나 버렸구나. 그러나 이 절단 난 씨앗이 대각응세 기묘년 서기 1999년에는 우리나라(羅濟麗)의 대국이 8백 년 국운을 맞이하는 해라. 나 이제 용성의 법명의 종을 울리는 진종(震鍾)이라, 이 해가 다 가면서 이 범종(梵鍾)을 조성하여 이 종 울림을 법계에 고하노니 뒷날 대각응세 갑

술년 서기 1994년 조선왕조 한양 정도 6백 년 만도를 맞이
하여 이 범종을 서울 종로 대각사에서 백제불교 초전법륜
성지인 우면산 대성초당에 이운하였다가, 갑술년 한양정도
만도의 해에 호국 호법 도량 금오산중 고위산 천룡사(天龍
寺) 석가 만일 만인 동참 참선, 염불, 간경, 주력 불사 5대

수행 발원 도량에 이운하라.

　용성은 그가 해야 할 몫의 교화와 독립운동이 다 끝났음을 판단하고 후일 국가와 민족의 흥성을 예견하며, 그 날을 대비한 범종을 조성할 것을 부탁하였다.

　이러한 인연으로 그 범종(173근)은 1939년 말부터 1940년 초에 만들어졌지만, 1940년 2월 15일(음력)이 부처의 열반재일이라 그 날에 조성된 것으로 종에 새겨 넣었다. 현재 용성의 문도들은 용성의 유훈을 지키기 위해 그 범종을 경주 남산의 천룡사에 보관하고 있으며 매일 범종을 울리고 있다. 현재 천룡사는 흔적도 없이 사라졌지만, 용성의 문도들이 천룡사지를 찾아내고 그 터에 천룡사를 복원하려고 고군분투하고 있다. 지금은 당시 있었던 3층 석탑만 복원되어 흘러간 세월을 아쉬워하며 용성의 유훈을 기다리는 듯 바람소리만 잔잔하기만 하다.

　1940년 1월 21일(음력), 용성은 그의 제자인 동헌을 불렀다. 그리고 자신의 죽음을 암시하면서 다음과 같은 말로써 미래를 준비하였다.

　이제 절단이 나버렸구나. 자치가 자치를 잡아 먹게 되었구나. 쇠에서 녹이 슬어 쇠가 상하게 되었구나. 사자 뱃속에서 충이 생기어 사자가 쓰러지게 되었구나. 상좌와 제자가 배반하고 독립운동의 동지가 배신하며 국민을 창씨개명

으로 돌리려는 음모가 도사리고 있구나. 나의 스승 석가여래 부처님께서 4월이라 초파일에 탄생하시고 나 용성은 5월이라 초파일에 나투게 되었구나. 후세에 불타조사의 원류를 잊지 않도록 하기 위하여 부처님이 열반하신 음력 2월 15일에 내 입적할 것이니 나와 연관이 있는 곳이 많이 있지만 그 중에 이 나라 승려가 많이 있는 동래 금정산 범어사나 양산 천성산 내원사나 합천 가야산 해인사에 가서 그 주

지 스님들을 만나 나 용성이 음
력 2월 15일 부처님 열반재일에
조용히 눈을 감을 것이니 뒷방
하나를 빌려 주면 이 몸을 버리
겠노라.

용성은 그가 가야 할 시기를
알고, 입적할 장소를 물색하라
고 부탁하였다. 이에 동헌은 그
길로 범어사, 내원암, 해인사 등
지를 돌아다니며 용성의 뜻을
전하였다. 이 사찰들은 모두 용
성과 인연이 깊은 곳이었으나
일본 경찰의 눈치를 보며 동헌의 요청을 거절하였다. 만
일 용성에게 입적 장소를 빌려 주게 되어 받을 피해와 불
이익 때문에 그리하였으리라. 용성은 3 · 1운동 때 민족대
표였으며, 평생을 민족불교 수호에 매진한 인물이었으며,
일제의 황민화정책에 전혀 협조하지 않았던 인물이었기
에 용성의 편의를 거절할 수밖에 없는 처지였을 것이다.
일제의 눈치를 살필 수밖에 없었던 당시 승려들의 나약
한 의식을 책망해야 무엇 하겠는가?

이러한 현실에 직면한 동헌은 여타 사찰을 돌아다니며,
용성과의 인연을 들먹이며 부탁했으나 어디에서도 호의

용성의 제자 이동헌.
동헌은 용성이
입적한 후 용성의
정신을 계승하고
용성의 유훈을
묵묵히 지켰다.

적인 말을 들을 수가 없었다. 결국 동헌은 아무 성과 없이 2월 21일(음력), 대각사로 돌아왔다. 동헌이 돌아오니, 사람들이 말하기를 용성스님이 2월 15일에 입적하겠다고 했는데 여태 아무 기별이 없다고 의아해하였다.

초췌한 모습으로 돌아온 동헌을 본 용성은 모든 것을 감지하고 동헌에게 2월 24일에 가겠다는 말을 하였다. 1940년 2월 23일(음력) 저녁, 용성은 목욕 재계를 한 뒤 조용히 동헌을 불렀다. 용성은 그가 가야 할 때를 알고 모든 것을 준비하였기에, 마지막으로 제자에게 유언을 하였다.

지난 작년 기묘년에 독립운동 우국지사가 일망타진이 되어 원혼이 되고, 영봉촌 대각사 대각교당 선농당 화과원과 그 인근의 부락이 절단 나 버렸지만, 다가오는 60년 후 기묘년(1999)은 우리나라 8백 년 대운을 여는 해일세.

그러나 용성 나와 같이, 동헌 너와 같은 독립운동의 우국지사가 있는가 하면, 안모와 같이 우리네 우국지사를 일망타진하는 제국주의 앞잡이 사냥개가 있는가 하면, 마음 속 깊이 독립이 왔으면 은근히 바라고 사는 이가 있는가 하면, 현실 생활에 고달파 급급히 사는 이가 있으니 이렇게 사분오열이라. 다가오는 기묘년에 나라의 운을 여는 해라 하더라도 일본·중국·소련·미국 등 강대국의 틈바구니 소용돌이 속에서 살아 나가는 종속국의 8백 년 운을 받느냐? 주인다운 주인이 되는 주인국으로서 대운을 받느냐? 이러한 과

보를 받게 되지 않겠는가?

　이처럼 용성은 입적하기 직전에도 나라의 장래를 걱정하였다. 그리고 나라의 대운을 기리기 위해 조성한 범종을 조선 왕조 6백 년 만도의 해(1994년)에 용성이 태어난 음력 5월 8일부터 아침에 33번, 사(巳)시와 오(午)시에 108번, 저녁에 28번을 쳐서 부처의 세계와 하늘의 세계에 이 나라를 지켜 달라는 발원을 해달라고 부탁하였다.

　그리고 용성은 동헌에게 유훈 십사목(十事目)을 주면서, 49재를 마친 후에 개봉하라는 부탁을 하였다. 용성의 마지막 모습을 지켜 본 동헌은 용성에게 어디로 가게 될 것인지를 질문하니, 용성은 담담히 임종게로써 대신하였다.

모든 행이 떳떳함이 없고	諸行之無常
만법이 다 고요하다.	萬法之俱寂
박꽃이 울타리를 뚫고 나가니	匏花穿籬出
삼밭 위에 한가로이 누웠도다.	閑臥麻田上

　그러고는 "시자여 대중이여 그 동안 수고했도다. 나는 간다"라는 말을 마치고 입적하였다. 1940년 2월 24일(음력) 새벽, 나이〔世壽〕는 77세요 승려의 이력〔法臘〕으로는 61년이었다. 이로써 용성은 치열한 승려로서의 본분사를 마치고 피안의 세계로 갔으니, 용성 그로서는 영원한 휴

식을 택한 것이었으리라. 그러나 그를 따르던 수많은 승
려와 신도들은 임자 없는 나룻배 신세가 되어 용성의 떠
나감을 못내 아쉬워하였다.

민족불교의 수호, 불교의 참 정신과 진리의 확대 그리
고 재생산, 시대에 맞는 불교의 혁신을 추구하며 꿋꿋이
버텨온 77년이었건만 용성 그도 자연의 순리를 거스를
수는 없었으리라.

용성이 입적하고 나서 49재를 지낸 후 그의 제자들은
용성의 유훈을 개봉하였다. 그 내용은 다음과 같다.

1. 가야 불교 초전법륜 폐허 성지를 잘 가꾸어라.
2. 고구려 불교 초전법륜 폐허 성지를 잘 가꾸어라.
3. 백제 불교 초전법륜 폐허 성지를 잘 가꾸어라.
4. 신라 불교 초전법륜 폐허 성지를 잘 가꾸어라.
5. 신라 고도 성지 남산을 잘 가꾸어라.
6. 신라 고도 성지 남산 가운데 고위산 천룡사지 호국 호
   법 도량을 잘 가꾸어라. 그리고 여력을 몰아서 부처님
   이 탄생하신 서역의 가비라 룸비니원과 부처님이 성도
   하신 마갈다 보드가야 보리수원과 부처님이 최초에 설
   법하신 바라나 녹야원과 부처님이 20여 성상을 주석하
   셨던 기수급 고독원과 부처님이 열반에 드신 구시나가
   라 사라쌍수원을 생각하면서 이 불교 5대 성지를 잘 가
   꾸어라.
7. 20여 종의 번역분 불경과 20여 종의 어록을 백만여 권

용성의 유훈을 기리기 위해 봉림사지를 둘러보는 용성의 문도들.

이 넘도록 발간 유포하라.

8. 백만여 명이 넘도록 삼귀의, 오계를 수계·설법하되 그 수계 제자 등으로 하여금 한 아들이나 내지 한 손자나 내지 한 증손자를 잘 낳아서 잘 길러서 잘 가르쳐서 부처님 전에 바쳐 출가봉공(出家奉公)케 하여서 불교중흥·민족중흥·종교중흥·인류중흥의 터전을 삼도록 하라.

9. 수행은 비묘엄밀(秘妙嚴密)하게 하고 교화는 중생 근기(根機)를 따라 하나씩 착실히 현실과 근기를 여의지 말라.

10. 온 겨레 전 인류 만 중생과 참선수행·염불수행·간경수행·주력수행·불사수행인 불교 5대 수행으로 지도하되 잘난 이나 못난 이나 선한 이나 악한 이를 가리지 말고 인연 따라 출가한 승려를 만들고 재가한 신도

를 삼아 성불인연 지어 나아가는 분상이니 많은 부작
용이 따르겠지만 찬양과 비방을 함께 수용을 하여 성
불인연으로 알고 『묘법연화경』 제20인 「상불경보살
품」(常不輕菩薩品)의 상불경보살님을 본받아 일체 중생
과 성불인연을 지어 나아가라.

이러한 용성의 유훈은 입적을 앞두고 평소에 구상하고
궁리해 온 불교 발전에 대한 그의 의지를 잘 보여주고
있다. 특히 불교의 포교방법 및 수행에 대한 지침을 제시
한 것도 대각사상의 철저한 실천에 대한 강인한 의지가
담겨 있는 부분이다. 현재 용성의 문도들은 용성의 유훈
을 실천하기 위해 많은 어려움 속에서도 최선을 다하고
있다.

유훈에 담겨 있는 내용은 민족과 불교의 번창을 통한
인류의 대화합과 평화에 대한 기원이다. 용성의 유훈은
그의 입적 후 문도들에 의해 현재까지 면면히 이어져 오
고 있다. 그리고 용성의 사상을 집약한 교화지침과 생활
교훈도 유훈과 함께 전해 오고 있는데, 용성의 사상을 잘
요약하고 있어 여기에 소개하고자 한다. 먼저 교화지침부
터 살펴보자.

1. 불교의 생활화
생활이 곧 부처의 법이요 부처의 법이 곧 생활이니라.

용성의 유언에 따라 네팔에 건립중인 한국사찰 대성석가사의 건립부지 임차합의서를 체결하는 장면. 용성의 유언은 백용성조사 유훈실현후원회의 정성어린 노력과 용성 문도들의 분투로 점차 실현되고 있다.

2. 불교의 대중화

불사를 통하여 온 겨레와 전 인류 만 중생을 다 함께 성불 인연 짓는 일이다.

3. 불교의 지성화

사대 수행인 참선, 염불, 간경, 주력수행이니라.

그리고 생활교훈은 다음과 같다.

1. 악을 그치고 선을 닦는 지악수선(止惡修禪)의 보통 생활
2. 낳고 죽는 괴로움을 여의고 열반의 즐거움을 얻는 이고득락(離苦得樂)의 신앙생활
3. 어리석음을 굴려 깨달음을 여는 전미개오(轉迷開悟)의 수행생활

한편 용성은 입적하기 전에 그가 입적한 후 제자들이 지키고 실천해야 할 지침을 작성하였다. 이것은 그가 살아 생전에 몇 차례 제자들로부터 배신당하거나 일제의 간교한 책동에 말려들어 뜻한 바를 이루지 못했던 것을 스스로 경책하려는 의도에서 나온 것이다. 그 지침이 담겨진 책자가 『유년』(流年)인데, 제자들에게 행동지침을 알려 주는 일종의 예언 및 잠언서이다. 이 책은 『주역』(周易)의 형식을 빌려 해당 연도별로 그 해의 의미를 요약하고, 잠언형식의 운율의 문장으로 서술하였다. 또 그 내용은 왜 그랬는지는 모르지만 대상 연도가 1956년부터 2001년까지로 설정되어 있다. 이 『유년』은 그의 제자인 동헌

과 도문에 의해 지금까지 전해져 오고 있다. 대각사의 조실 도문은 일생 동안 용성의 유훈 실천사업 등 용성의 업적을 기리는 일을 추진하면서 모든 일을 『유년』의 계시대로 실천했다고 한다. 필자도 『유년』의 일부분을 1998년 4월 경주 천룡사에서 대각사의 조실인 도문에게서 받고 처음으로 확인하였다.

용성이 입적한 이후 그의 사상과 정신을 기리는 후학들에 의해 용성의 사상과 행적을 담은 책이 『용성선사어록』이라는 제목으로 1941년 9월 15일에 간행되었다. 당시 『불교시보』사의 책임자였던 김태흡이 저작 겸 발행자로, 삼장역회가 발행처로 나온 이 책은 용성에 대한 최초의 책자라는 의미를 담고 있다. 김태흡은 『불교시보』 59호(1940. 6. 15)에 「고 백용성 대선사의 추모」라는 글을 기고할 정도로 용성에게 남다른 애정이 있었던 인물이다. 그는 일본 유학을 다녀왔으며, 귀국한 후에는 불교청년운동의 핵심 인물로 활동하였다. 그러나 1935년 이후에는 결과적으로 시세에 협조·타협하는 길을 걸어 민족운동과는 거리가 있는 삶을 다하였다. 기이하게도 바로 그러한 인물로부터 용성의 사상과 행적이 정리되고 추앙되어야 하는 이 모순된 현실을 어떻게 설명해야 할까? 김태흡은 자신이 하고 싶었지만 하지 못했고, 가고 싶었지만 가지 못했던 그 길을 용성에게서 확인한 것이라고 볼 수 있지 않을까? 그 어록의 말미에는 용성에게 계맥을 받았던

1994년에 다시 세워진 용성의 행적비. 지관이 비문을 작성했고, 박병규가 글씨를 썼다. 이 비는 용성의 마지막 생존 제자였던 자운스님의 발의에 의해 용성 문도들의 정성으로 건립되었다. 또한 비문에는 1941년 당시 행적비에서는 누락된 용성의 독립운동에 관한 내용이 새롭게 추가되었다.

동산의 발문(跋文)도 수록되어 있다. 이제 그 인물은 가고 그의 생애와 업적을 들여다보는 우리들만 남아 있는 것이다.

용성이 입적한 다음해인 1941년 7월, 용성의 행적비가 그가 정식 출가한 해인사 경내에 세워졌다. 해인사 용탑선원(龍塔禪院) 남쪽에 세워진 이 비는 용성의 문도들이 세웠으며, 한용운의 찬문(撰文)과 오세창의 전액(篆額), 최종한의 비문 글씨 등으로 이루어졌다. 그런데 그 당시는 일제 강점기라 독립운동에 기여한 내용이나 한국불교의 전통을 지키기 위해 활동한 내용 등은 자세히 서술할 수 없는 형편이었기에 그 행적에 부실한 부분이 많았다.

해방 이후 정부에서는 용성의 독립운동의 공로를 인정하여 1962년 건국공로훈장을 수여하였다. 그리고 1990년에는 국민문화 향상과 국가 발전에 이바지한 공을 기려 은관문화훈장을 추서하였으며, 같은 해에 한글학회에서도 용성의 민족정신 고취와 문화 발전에 대한 공로로 감사패를 수여하였다. 1998년에는 국가보훈처와 독립기념관이 공동으로 선정하는 3월의 독립운동가로 선정되었다. 이러한 것은 곧 용성의 정신과 행적이 국가 차원에서 명백하게 공인되었음을 말한다.

한편 용성의 유훈을 실현하기 위해 노력하던 문도들은 용성의 사후에 건립된 비문의 내용이 부실함을 안타까워하다가 1994년 용성의 행적비를 다시 건립하였다. 특히 용성의 마지막 수법제자였던 자운의 발의에 의해 용성 문도의 문장이었던 성철, 대각회 이사장 광덕, 용성문도 협의회 회장 정관, 대각사 주지인 도문의 노력으로 완성되었다. 지관이 비문을 작성하고, 박병규가 글씨를 쓴 이 행적비는 용성이 일생 동안 걸어왔던 치열한 불교사상의 재창조, 민족불교 지향, 독립운동의 헌신 등의 내용을 가득 담고 불교의 성지이며 용성의 정신이 배어 있는 해인사 경내에 의연히 서 있다.

이제 용성은 갔다. 민족의 품으로, 불교의 대지로. 그러나 그의 육신은 갔지만 그의 정신만은 아직도 우리 곁에 머물러 있다. 그가 일평생 가꾸고, 지키고, 키워낸 고귀한 사상과 지성을 잘 계승하는 것은 이제 우리의 몫이리라.

백용성의 생애와 사상

　백용성은 한국 근대불교를 대표할 만한 승려이다. 그의 생애는 불교사상의 깨달음이라는 측면에서나 식민지 불교의 극복을 위한 민족불교 지향이라는 측면에서나 독보적인 행적으로 드러나기 때문이다. 이러한 위상은 그의 생애에서 당시 불교계의 고뇌와 움직임의 단면을 뚜렷하게 찾아볼 수 있는 것과 무관할 수 없다. 그리하여 그는 불교가 중흥되고 발전되었지만, 식민지 불교라는 치욕의 상황에서 이를 극복해야 하는 당위를 실천하기 위해 최일선에서 그에게 부여된 본분을 마다하지 않았다. 이에 그는 한국 전통불교의 수호와 발전을 위해 노력하면서, 시대에 맞는 불교를 만들기 위한 불교 개혁의 노력을 멈추지 않았다. 요컨대 그는 근대불교의 역사적인 사명을 온몸으로 끌어안고 승려로서의 일생을 마친 인물이다.

　백용성은 1864년 5월 8일(음력) 현재의 장수군 번암면 죽림리 252번지에서 태어났다. 그의 속명은 상규, 호적명은 형철, 법명은 진종, 법호는 용성이다. 유년 시절부터 불교와의 인연이 남달랐던 그는 열네 살에 남원시 덕밀암으로 출가를 단행한 이후, 열여섯 살에는 해인사로 정식 출가를 하였다.

해인사에서 승려로서의 기본 소양을 갖춘 용성은 고운사의 수월영민 선사를 찾아갔다. 당시 그는 수월에게서 대비주를 통한 업장 소멸의 수행방법을 배웠다. 그 후 보광사의 도솔암으로 수행 장소를 옮겨 가 수월을 통하여 얻은 대비주 염송을 지속하였다. 그러던 어느 날 그는 한 생각이 퉁 빠지는 것과 같은 경지를 체험하였으니 이것이 그의 제1차 깨달음이었다.

1883년 용성의 나이 스무 살, 그는 깨달음을 점검받기 위해 금강산 표훈사의 무융선사를 찾아갔다. 그러나 무융과의 만남에서 자신의 깨달음이 미숙하다는 지적을 받고 무자화두를 통한 선 수행에 몰두한다. 화두를 통한 진리의 세계로 진입하는 요체를 얻은 용성은 다시 보광사 도솔암으로 돌아와 치열한 수행을 거듭한다. 이러한 수행의 결과로 그 다음해인 스물한 살에는 마침내 화두 타파를 통하여 공과 색이 둘이 아니라는 지경을 깨달았다.

그 후 통도사로 가서 조선 율종의 정통 계맥을 전수받고, 송광사 삼일암의 하안거 도중에 『전등록』을 열람하다가 또 다른 깨달음을 겪었으니 이것이 용성의 제3차 깨달음이었다. 이는 무학도의 경지로 지칭되는 것으로서, 당시 그의 경지는 세간과 출세간의 경계가 공한 상태까지 이르렀다. 그 후 각처의 선지식과 강백 등을 찾아다니며 자신이 깨달은 경지를 점검, 확인하고 수행을 지속하였다. 그 즈음 용성은 그의 수행을 도반들과 공동 수행하는 것으로 전환시키고 있었다.

이렇게 치열한 깨달음의 확인 과정을 거듭한 용성은 마침내 구미의 아도모례원 등지에서 수행을 거듭하다 확철대오의 경지에 접하게 되었다. 그는 낙동강을 건너면서 그 심정을 읊었으니, 이는 이른바 보리도를 말하는 것이다. 이 경지를 용성은 후일 대각교운동을 추진할 때 종지의 천명으로 내세웠다.

이러한 수행과 깨달음을 마쳤을 당시 용성의 나이는 30세였다. 이후에는 그 깨달음의 경지를 지키면서 한편으로는 깨달음을 실천하기 위한 방편을 고민하며 은둔과 보림의 길로 나섰다. 그 시기는 대략 30~46세까지의 약 17년간(1893~1909)이었다. 그 과정에서도 용성은 만공, 혜월, 제산 등과 법거량을 통한 점검을 멈추지 않았다. 이러한 수행은 자리행 혹은 상구보리의 수행이라 말할 수 있는 것이다.

용성은 이제 이타행을 하기 위한 발걸음을 내딛기 시작하였다. 그의 발길이 스친 곳은 지리산 상비로암, 보개산 성주암·관음전, 망월사, 해인사, 덕유산 호국사, 서울의 법천암 등지였다. 이곳에서 용성은 선회의 개설, 법당의 중수, 신앙 공동체의 주최, 대중 승려들의 지도 등 그의 역할을 다하였다. 마침내 그의 행적은 중국 북경에까

지 미쳤으며, 서서히 서울에도 그의 명성이 스며들고 있
었다. 특히 그 과정에서 용성은 필생의 사업으로 자리매
긴 역경에 대한 결심을 하게 된다.

용성이 도시 포교를 위해 서울로 올라온 것은 1911년
이었다. 그는 상경 직후 서울 우면산 대성초당에 기반을
잡고 참선 포교를 시작하였다. 한국불교를 일본불교에 매
종하려는 것에 대한 반발로 일어난 임제종 중앙포교당의
개교사장에 취임한 것도 그 즈음이었다. 이러한 한국불교
의 정통성을 수호하려는 운동의 중심에 용성이 서게 되
었음은 그의 노선이 민족불교로 경도됨을 말해 준다. 그
의 사상의 중심에 불교의 대중화와 함께 민족불교 추구
라는 명제가 확연히 자리잡아 가고 있었던 것이다.

또한 이때의 인연으로 1919년 3·1운동에서 만해 한용
운과 민족대표 33인에 동참하였다. 백용성이 민족운동의
중심부에 진입했음은 이전 임제종운동의 이력을 고려하
면 당연한 산물로 보인다. 한편 그에게 있어서 3년여의
기간 동안 일제에 피체·수감된 경험은 그의 사상 확립
에 큰 전기를 제공해 주었다. 요컨대 그는 수감중에 불교
의 대중화와 혁신에 대한 사상적인 점검을 마쳤던 것이
다. 이는 대각사상 및 대각교운동의 확립을 말해 주는 대
목이다.

출감 후 용성은 불교의 대중화 및 혁신을 이루기 위한
첫발을 내디뎠으니 바로 불경의 한글 번역이었다. 역경이

야말로 평생의 과업이라고 인식한 용성은 실무 조직체인 삼장역회를 결성하고 입적하기 직전까지 옹골차게 밀고 나갔다. 그리하여 『금강경』, 『화엄경』 등 수많은 경전을 우리말로 옮겨, 많은 사람들이 불교의 진리를 쉽게 접할 수 있는 지름길을 제공해 주었다. 또한 『심조만유론』, 『각해일륜』 등 불교사상의 정수를 요약한 저술 간행도 왕성하게 하여 근대불교사상의 재창조라는 측면에서도 주목을 받고 있다.

한편 용성은 한국불교의 전통을 지키기 위한 다양한 행적을 드러내었다. 우선 한국 선불교의 전통 수호와 함께 항일불교의 거점 역할을 하려는 목적으로 건립된 선학원의 발기인으로 참여하였다. 그리고 『불교』, 『불일』, 『선원』 등의 불교잡지에 불교사상의 정수를 소개하는 글을 다수 기고하였다.

또한 불교의 전통 수호에만 머무르지 않고 재창조를 하기 위한 일에도 직접 나섰다. 이를 보여주는 것이 망월사에서 시작한 만일참선결사회로, 선과 율의 겸수를 지향하는 이 결사는 불교의 전통 수호와 재창조가 결합된 것이었다. 특히 계율의 강조는 식민지 불교의 영향으로 피폐해진 계율정신을 수호하여 한국불교의 본질을 지키려는 의지의 표명이었다. 이러한 의지는 1926년 승려의 대처식육을 금지해 줄 것을 요구하는 건백서 제출로 이어졌다. 한국불교의 정수를 지키려는 정신에서 나온 이 건백서는 용성의 사상의 기초가 어디에 있었는가를 단적으로 보여주는 예이다.

불교의 재창조를 위한 용성의 의지는 선농불교의 제창과 실천으로 이어졌다. 경남 함양의 화과원에서 가시화된 선농불교는 용성의 사상적 다양성을 보여주는 것이다. 참선과 노농을 겸수하자는 선농불교의 실천은 승려의 수행과 함께 당시 사찰경제의 활성화와 농촌포교의 대중화를 시도하려는 다목적의 사업이었다. 당시 그의 나이 64세라는 노구를 이끌고 그러한 사업의 일선에 직접 서 있었다는 것은 사상 실천의 극치라 아니할 수 없다.

용성의 행적 중에서 특히 우리의 관심을 끄는 부분은 기존 불교와 과감히 결별하고 대각교를 표방한 것이다. 이는 용성의 사상을 극명하게 보여준 대각사상에서 나온 것으로, 불교의 재해석과 재창조라 할 수 있겠다. 즉 기존 불교의 이념과 사상을 그대로 계승하면서도 시대적인 감각을 잃지 않았던 대각사상은 불교의 대중화에서 출발한 것이었다. 이는 기존 불교계에 대한 그의 입장이 매우 비판적이었음을 시사해 준다.

그가 당시 불교에 대해 비판한 내용은 주로 계율 파괴, 전통불교와의 이질성, 사리사욕에 물든 행태 등이었다. 그리하여 용성은 기존 불교계의 사찰에서 취득한 승적을 스스로 버리기까지 했던 것이다.

그러므로 용성의 사상은 대각사상이라고 부를 수 있다.

대각사상의 확립은 1910년대 초 서울로 옮겨 오면서부터 시작된 것이지만, 보다 구체화된 계기는 3·1운동 참가로 감옥에 수감되면서였다. 출감한 그는 대각사를 대각교회 및 대각교당으로 표방함으로써 옥중에서 정립한 대각사상을 실천하기 위한 첫발을 내디뎠다. 그 후 1927년경에 이르러 당시 불교계의 모순에 환멸을 느끼고 대각사를 대각교 중앙본부로, 그리고 지방의 그의 활동 근거지를 대각교 지부 등으로 전환시켰다. 당연히 만주 용정에 건립한 대각교당과 함양의 화과원도 대각교 지부 조직으로 포함되었다. 이러한 대각교의 확대화는 곧 대각사상의 대내외의 선언이었다.

용성은 대각사상의 활성화와 대각교운동의 추진을 위해 『대각교 의식』, 『오도는 각』 등을 간행하는 등 대각사상의 이론적인 정비에도 신경을 썼다. 그러나 이러한 움직임은 당시 불교계에서 큰 호응을 받지 못하였고 일제 당국도 대각교를 유사종교로 처리하는 등 배척을 받았다. 그러나 용성은 입적하기 직전까지 결코 타협하거나 좌절하지 않았다.

한편 일제의 군국주의 통치가 기승을 부리던 1930년대 중반 이후 용성에게 큰 시련이 다가왔다. 제자의 배반과 일제의 탄압 등으로 그는 불가피하게 대각교당을 범어사 포교당으로, 대각교는 조선불교선종총림으로 전환시켜야 했던 것이다.

힘들었던 시대에 누구보다도 치열한 삶을 살았던 용성
은 전통불교 수호, 불교의 대중화와 혁신, 선율 겸수와 선
농불교의 실천, 대각사상의 제창과 대각교 표방 등 다양
한 행적을 우리에게 남겨 놓은 채 1940년 2월 24일(음력)
입적하였다. 그의 행적은 근대불교의 지향점을 실천했다
는 점에서 매우 귀중한 모범이 된다. 또한 유의할 것은
이러한 움직임의 기초가 불교사상의 투철한 수행과 깨달
음에서 나왔다는 점이다. 그리하여 우리는 그를 상구보리
하화중생이라는 승려의 지향점을 향해 올곧게 다가섰던
근대불교의 상징 인물이라 말할 수 있으리라.

1864(1세)   전북 장수군 번암면 죽림리 252번지(현재 지명) 출생.

속명 상규, 법명 진종, 법호 용성.

1870(7세)   향리의 서당에서 수학.

1877(14세)   남원시 교룡산성 덕밀암으로 출가 단행.

1879(16세)   해인사 극락암에서 정식 출가득도.

은사 화월화상, 계사 혜조율사.

의성 고운사에서 수월영민에게 대비주 수행토록 조언

받음.

1882(19세)   파주(당시는 양주) 보광사 도솔암에서 제1차 깨달음.

1883(20세)   표훈사에서 무융선사 참배.

무자화두 참구토록 조언받음.

1884(21세)   보광사에서 제2차 깨달음.

통도사에서 비구계와 보살계 받음(선곡율사).

1885(22세)   송광사에서 제3차 깨달음.

1886(23세)   낙동강 근처에서 제4차 깨달음.

1900(37세)   천장암, 정혜사에서 법거량.

송광사 조계토굴에서 동안거.

1901(38세)   해인사에서 제산선사와 법거량.

통도사 동은 강백에게 『선문염송』 수학.

1902(39세)   화엄사 탑전에서 하안거.

선암사 칠전에서 동안거.

1903(40세)　지리산 상비로암에서 선회 개설.

　　　　　　금강산 불지암에서 동안거.

1904(41세)　보개산 성주암에서 선회 개설.

1905(42세)　보개산 관음전 보수, 건립. 석대암에서 선회 개창.

　　　　　　『선문요지』 저술. 망월사 법회 참석.

1906(43세)　덕유산 호국사에서 선회 개설.

　　　　　　해인사 대장경판 보수.

　　　　　　해인사 백련암에서 하안거.

1907(44세)　서울 구기동에 법천암 개창.

　　　　　　중국 방문(북경).

1908(45세)　중국 방문을 마치고 귀국.

1909(46세)　해인사 원당암에서 미타회 창설.

1910(47세)　지리산 칠불암 종주로 피임.

　　　　　　『귀원정종』 저술.

1911(48세)　서울로 상경, 서울 우면산 대성초당 주석.

　　　　　　신도(강영균) 집에서 참선법규 제정, 시행.

1912(49세)　조선임제종중앙포교당의 개교사장.

1913(50세)　『귀원정종』 초판 발행.

　　　　　　『불문입교문답』 저술 간행.

1914(51세)　선종포교당(대각사) 개설.

1916(52세)　북청의 금광 경영.

1919(56세) 3·1독립운동 때 민족대표 33인으로, 독립선언서에 서명.

서대문 감옥에 수감.

1920(57세) 불교의 대중화 및 혁신의 구상, 불경 번역사업에 전념하기로 결심.

1921(58세) 서대문 감옥에서 출감.

역경사업의 조직체인 삼장역회 조직.

『귀원정종』 재판 발행,『심조만유론』 저술 간행.

선학원 창건 발기.

1922(59세) 대각교 창립, 대각교당(교회) 표방.

『금강경』 번역 간행(신역대장경의 이름으로).

『수능엄경』·『팔상록』·『금비라동자위덕경』·『총지경』 번역 간행.

『수심정로』 탈고.

1924(61세) 『불일』지 창간 동인으로 활동.

『선문촬요』·『원각경』 번역 간행.

정진중 사리 1과 나옴, 해인사 용탑에 보존.

1925(62세) 도봉산 망월사에서 만일참선결사회 추진.

1926(63세) 승려의 대처식육 금지를 요구하는 건백서 제출.

통도사 내원암으로 만일참선결사회 이전.

1927(64세) 경남 함양의 백운산에 화과원 설립, 선농불교 실천.

대각교 선언, 만주의 용정에 대각교당(선농당) 개설.

『대각교 의식』·『육자영감대명왕경』 간행.

1928(65세) 『조선글 화엄경』(12권)·『조선어 능엄경』 간행.

대각일요학교 설립, 『화엄경』 강의회 개최.

『팔양경』 간행.

1929(66세) 대각교당에서 선회 개설.

평양 유점사포교당의 금강계단 증사.

1930(67세) 『각해일륜』 저술 간행.

『대승기신론』 번역 간행.

1931(68세) 선학원 주실, 부인선우회 설법.

1932(69세) 『불교』지 93호에 「중앙행정에 대한 희망」 기고.

선학원 부인선우회 설법.

1933(70세) 『각설범망경』 번역 간행.

『청공원일』 간행.

1934(71세) 대각교 재산 신탁.

1936(73세) 『석가사』·『수심론』·『임종결』 저술 간행.

대각사를 범어사 경성포교당으로 전환.

1937(74세) 『오도의 진리』 저술 간행.

1938(75세) 『오도는 각』 저술 간행.

대각교를 조선불교선종총림으로 변경.

1939(76세) 『지장보살본원경』 번역 간행.

1940(77세)   범종(천룡사) 조성.

입적(세수 77세, 법랍 61세).

1941   해인사에 용성대선사 행적비 건립.

찬문 한용운, 전액 오세창, 글씨 최종한.

『용성선사어록』 간행(김태흡 편저, 삼장역회 발행).

1944   조선불교선종총림에서 범어사 경성포교당 대각선원
으로 명칭 변경.

1945   임정요인(김구, 이시영, 김창숙, 황학수 등) 대각사 방
문(12월 12일).

1953   신탁 재산을 대각사로 인수, 대각사 부흥.

1962   정부에서 독립운동의 공로를 인정해 건국공로훈장
수여.

1969   문공부에 재단법인 대각회 등록.

1990   정부에서 국민문화 향상과 국가 발전에 이바지한
공을 기려 은관문화훈장 추서.

한글학회에서 민족정신 고취와 문화 발전에 대한
공로로 감사패 수여.

1994   해인사에 용성조사 행적비 재건립.

1998   독립기념관과 국가보훈처에서 98년도 3월의 독립운
동가로 선정.

대각사상연구원 설립.

참고문헌

『경봉대선사일기』(극락선원, 1992)
『삼소굴소식』(극락선원, 1997)
『용성대종사전집』(18집)
『평상심이 도라 이르지 말라』(불광출판부, 1993)
『한국근현대불교자료전집』(민족사, 1996)

김경집, 『한국근대불교사』, 경서원, 1998.
김광식, 『한국근대불교사연구』, 민족사, 1996.
______, 『한국근대불교의 현실인식』, 민족사, 1998.
박상률, 『풍금치는 큰 스님』, 우리출판사, 1996.
윤청광, 『고승열전-작은 솔씨가 낙락장송되나니-』, 언어문화
          사, 1995.
한보광, 『용성선사연구』, 감로당, 1981.

광 덕, 「용성선사의 새 불교운동」『새로운 정신문화의 창조와
          불교』, 1994.
김광식, 「일제하 선학원의 운영과 성격」『한국독립운동사연구』
          8, 1994.
______, 「1910년대 불교계의 조동종 맹약과 임제종운동」『한국
          민족운동사연구』 12, 1995.
______, 「1926년 불교계의 대처식육론과 백용성의 건백서」『한

국독립운동사연구』 11, 1997.

______, 「조선불교선종종헌과 수좌의 현실인식」『건대사학』 9, 1997.

______, 「백용성의 독립운동」『대각사상』 창간호, 1998.

______, 「근대 불교개혁론의 배경과 성격」『종교교육학연구』 7, 1998.

이영자, 「백용성연구 서설」『불교사상』, 6호, 1973.

정광호, 「한국 근대불교의 '대처식육'」『한국학연구』 3, 1991.

한기두, 「근대한국의 선사상」『한국선사상연구』, 1991.

한보광, 「용성선사」『한국불교인물사상사』, 1990.

______, 「용성선사의 수행방법론」『가산이지관스님화갑기념논총』, 1992.

______, 「용성선사의 역경사업이 갖는 역사적 의의」『석림』 26, 1993.

______, 「용성선사의 불교개혁론」『회당학보』 2, 1993.

______, 「최근세의 만일염불결사」『불교학보』 34, 1997.

______, 「백용성 스님의 생애」『대각사상』 창간호, 1998.

홍윤식, 「대각교의 성립 배경」『대각사상』 창간호, 1998.

한종만, 「백용성의 대각교사상」『숭산박길진박사고희기념 한국종교사상사』, 1984.

지은이 : 김광식(金光植)

건국대학교 대학원 졸업(문학박사).

현재 대각사상연구원 연구위원.

저서로는 『고려무인정권과 불교계』, 『한국근대불교사연구』,

『한국근대불교의 현실인식』 등이 있다.

한국의 고승 ⑰

용 성

1999년 6월 5일 제1판 제1쇄 찍음
1999년 6월 10일 제1판 제1쇄 펴냄

지은이 / 김광식

펴낸이 / 윤재승

펴낸곳 / 도서출판 민족사

등록 / 1980년 5월 9일(제1-149호)

주소 / 서울시 종로구 청진동 208-1

전화 (02) 732-2403, 2404 / 팩스 (02) 739-7565

ISBN 89-7009-771-6 04220

ISBN 89-7009-770-8 (세트)

값 7,000원

* 잘못된 책은 바꾸어 드립니다.